デヴィッド・クローネンバーグ
進化と倒錯のメタフィジックス

目次

DAVID CRONENBERG

Biography

Filmography

COLUMN

THE FUTURE

デヴィッド・クローネンバーグが還ってきた。

2014年の『マップ・トゥ・ザ・スターズ』以来、約8年ぶりに制作・公開された新作『クライムズ・オブ・ザ・フューチャー』は近未来の人類が迎えようとしている肉体の変容という、クローネンバーグがかねてより興味を抱いていたテーマに立ち返った作品で、すでに各所で「原点回帰」との声が聞かれている。

それではその「原点」とはどこなのか。「プリンス・オブ・ホラー」と呼ばれたカルト監督時代から、重厚なドラマを繊細に演出する大家となった近作に至るまで一貫して見られる「クローネンバーグらしさ」とは何なのか。

本書では手始めに注目の新作について様々な角度から検証するとともに、過去作に立ち返り、80歳を迎えてふたたび旺盛な創作意欲を見せているこの鬼才について改めて考えたい。

CRIMES OF

クライムズ・オブ・ザ・フューチャー

あらすじ
そう遠くない未来。人工的な環境に適応するよう進化し続けた人類は、生物学的構造の変容を遂げ、痛みの感覚も消えた。“加速進化症候群”のアーティスト・ソールが体内に生み出す新たな臓器に、パートナーのカプリースがタトゥーを施し摘出するショーは、チケットが完売するほど人気を呼んでいた。しかし政府は、人類の誤った進化と暴走を監視するため“臓器登録所”を設立。特にソールには強い関心を持っていた。そんな彼のもとに、生前プラスチックを食べていたという遺体が持ち込まれる……。

Crimes of The Future（22）
監督・脚本　デヴィッド・クローネンバーグ
撮影　ダグラス・コッチ
音楽　ハワード・ショア
出演　ヴィゴ・モーテンセン、レア・セドゥ、クリステン・スチュワート

2023年8月18日（金）より新宿バルト9ほか全国公開
配給　クロックワークス／STAR CHANNEL MOVIES

Cross Review

グロテスクかつ官能的な進化

真魚八重子

すでに最新作の『The Shrouds』がクランクアップし、ここにきて精力的に監督業に復活したクローネンバーグの22年度制作作品。１９７０年に監督した『クライム・オブ・ザ・フューチャー／未来犯罪の確立』と同タイトルだが、物語に関連性はない。しかし登場するモチーフは類似しており、クローネンバーグがずっと同様の発想にとり憑かれているのはみてとれる。

撮影が行われたのはギリシャ。石でできた古い人工的な都市は、人間の進化とテクノロジーの関連を扱った映画にふさわしい舞台だ。本作はわかりにくい部分もあるため、このテキストは粗筋とともに、解説や評を交えて記していく。それがこの映画の一番わかりやすい映画評になるだろう。

冒頭、母親の忠告を無視して、プラスチックのごみ箱をボリボリと食べる少年ブレッケン。母はその様子を見て、異物を食べる不気味な我が子に耐えられず、その手で殺めてしまう。母の愛がいびつであることは『ザ・ブルード　怒りのメタファー』を髣髴とさせる。しかし少年のみならず、近未来では人間の身体にもはや痛みの感覚や、ウイルス感染などもない変化が生じていた。

ソール・テンサー（ヴィゴ・モーテンセン）は体の中に新しい臓器ができる、特殊な体質を持っている。その「創造的な癌」を、パートナーである元外科医のカプリース（レア・セドゥ）と、公開手術で取り出すパフォーマーとして、カリスマ的人気を得ている。その手術の様子はグロテスクでありつつも官能的で、いかにもクローネンバーグらしい。巨大な甲殻類のような解剖モジュールに横たわったソールを、カプリースが聴衆に演説をしながら手術する。鉗子やメスなどの道具も骨のようで、彼女はそれを直接ではなく、遠距離から操作する。そのデバイスはまるでカラーライトの明滅するカブトムシのようだ。

だが世界では、人間の身体の加速度的変化に対して、警戒する動きが起こり始めていた。警察にも秘密部署ができ、「進化の暴走」を食い止めなければならないと考えられていた。新しい臓器ができた場合は、「臓器登録所」に行かなければならないルールも出来る。だがそこの職員のウィペットとティムリン（クリステン・スチュワート）は、むしろ新しい臓器に魅了され、ソールたちに対しても強い関心を持っているようだ。また、ティムリンがソールに露骨な好意をみせ、「ソールの手術を受けたい」と言ったため、カプリースはいら立ちを覚える。

ソールたちのパフォーマンス会場で、ある男が食べかけのチョコバーを置いていき、それを試しに口にした男が死亡した。死んだ男は覆面捜査官で、チョコバーに見えたものは化学物質の固まりとわかる。そのバーを置いていった男はドートリス。別れた妻に息子のブレッケンを殺された男だ。ある夜、彼がソールに接触してくる。

ドートリスとその仲間は、プラスチックなどの有毒化学物質を消化できる器官を、人工的に手術で取り付けていた。もし人間が消化や嚥下が難しくなったときでも、プラスチックのゴミは山ほどある。それを食料にできれば飢えるこ

とはない。ブレッケンは後天性遺伝なのか、奇跡的に生まれつきプラスチックを消化できる内臓器官をもっていた。その貴重な存在を失ったことに、ドートリスは失望していた。そのため、ソールたちにせめて「息子の遺体を公開解剖してほしい」と頼む。人間の体の新しい進化を、世界に見せつけるためだ。

クライマックスもわかりにくいとは思うが、ネタバレになるのでこれ以上は控えよう。

クローネンバーグ監督作には、４度目の出演となるヴィゴ・モーテンセンは、ちょっと老けて眉毛をつぶした姿がクローネンバーグの自己投影のようにも見える。ソールは腹腔鏡下手術で腹に何か所も穴が開いているが、それがアナルの形をしているのも、『裸のランチ』や『イグジステンズ』と変わらない。また、ヴィゴ・モーテンセンはクローネンバーグの映画において、二つの顔を持つ役を演じることも多い。本作のソールはカプリースに内緒で、警察に協力して情報を得てもいる。何か底知れぬ余裕があるのがヴィゴにはよく似合う。

カプリース役のレア・セドゥは、クローネンバーグの映画においては珍しく、パートナーに母性的な愛情をそそぐ役だ。お節介はせずとも、泣き腫らしたような二重まぶたが、感情豊かにソールを見守る。この映画全体の空気も、彼女が機嫌を保つことでフッと救われる瞬間がたびたびある。

ソールは元々〝ブレックファスター・チェア〟で食事をとる。嚥下や消化を助けるために、ぎくしゃくと揺れる椅子だ。しかしソールの新しい臓器のできるスピードが速まり、一方でもはや嚥下も難しくなっていく。彼はカプリースが見守る中、人によっては劇薬となるあのバー状の食べ物を口にしてみる。すると不器用に揺れていた椅子が、ピタリと動きを止める。個人的にはこれは吉兆と感じたが、皆さんはどうだろうか？

「創造的な癌」が導き出すレゾンデートル

Cross Review

ヒロシニコフ

「クライムズ・オブ・ザ・フューチャー（未来の犯罪）」。ヘニング・カールセンが監督した『SULT』（66・未）に出現したこの単語は若き日のデヴィッド・クローネンバーグに衝撃を与えた。字面を目にした瞬間に走った「このタイトルの映画を観てみたい」という欲求は、半世紀以上にわたりクローネンバーグを捉えて離さなかった。ケネス・アンガーやマイク&ジョージ・クッチャーらの薫陶を受けて映画制作を開始したクローネンバーグは、実験映画の文法に則り自ら『クライム・オブ・ザ・フューチャー 未来犯罪の確立』を制作。さらに、監督としてキャリアを積んだ90年代にも同名の脚本を執筆している。クローネンバーグ目下の新作『クライムズ・オブ・ザ・フューチャー』はこの脚本を基に作られた作品である。

近未来、人間は進化し痛みと感染から解放された。外科手術のリスクが大きく低減された状況下において、巷では「人体改造アート」が一世を風靡。特に、新たな臓器を体内で生み出す男ソールと、公衆の面前で彼に手術を施し臓器を摘出するカプリースのパフォーマンスは高い評価を得ていた。だが、人間の進化を監視する政府機関は、彼らを危険視し接触を図る……。

1999年のインタビューでクローネンバーグはこう語っている。「私たちは自分自身の進化を制御できるようになったことを認識すべきだ。人間はもはや自然の摂理に従属していない。DNAと遺伝子構造に至るまで、自己決定のもとに可能性を切り拓いているのだ」。本作では、まさしくその見地に立って作劇が行われている。新たな臓器「創造的な癌」（これは『クライム・オブ・ザ・フューチャー 未来犯罪の確立』にも登場したものだ）を体内で作り出す主人公ソールを筆頭に、有害なプラスチックを消化する人間など、バイオロジカルな進化が軸となり映画全編を貫く。ここに主人公が謎の事件に巻き込まれるプロットが絡みつくのだが、『ビデオドローム』に代表されるような難解に思える抽象性はなく、いつになく明快な作りとなっている。

本作を観て驚かされたのは、クローネンバーグがこれまで監督した作品からの引用の数々が意図的に練り込まれていることだ。クローネンバーグは度々「過去作の模倣はしない」と語っていたにもかかわらず、本作に関しては「私の作品を観たことのあるファンの方々なら、過去作で見たことのあるシーンや瞬間を見つけることができるだろう」と堂々と述べている。腹部に走る亀裂、肛門のような内視鏡挿入口、フェティッシュな表現、随所で聞こえるハエの羽音、一人の人間を取り巻く二人の異性、潜入捜査……などなど、まるでイントロクイズかのように繰り出される過去作のセルフ・オマージュを挙げるときりがない。はたしてクローネンバーグはいかなる意図をもって本作を制作したのだろうか？

この点について考えるにあたり、クローネンバーグが娘のケイトリンと共に制作した映画を持ち出したい。その名も『The Death of David Cronenberg（デヴィッド・クローネンバーグの死）』（21）。クローネンバーグがベッドの上で死んでいる自分と対面する、1分弱の短編だ。クローネンバーグが己の死体を発見し、それを抱きしめ泣き崩れる。単なるジョークと思えないこの短編は、クローネンバーグが米寿を前に死期を意識し始めたことを否定できないものだ。クローネンバーグはそのフィルモグラフィにおいて、自分の人生を反映した作品を作り続けてきた。若い時分に耽溺した作品からの影響を隠せない初期作品、妻子などとの人間関係が焼き付けられた中期作品、それを踏まえて人間の内面に潜航した後期作品。自らの死を意識したクローネンバーグは、ここでこれまで作り続けてきた作品……すなわち人生を振り返り、それらを自ら「解剖」し、自己開示的にその「中身」を評価しようと試みたのではないだろうか。自身の脳内に渦巻く思想・哲学をそのまま映画に転写するのではなく、これまでの歩みを俯瞰し整理した作りであると考えると、この明快さも納得がゆく。

本作のテーマはクローネンバーグが述べている通り「人間の進化」である。そして同時に、主人公が体内で生みだす「創造的な癌」に纏わる物語でもある。「創造的な癌」は劇中にて「機能不明のオリジナル臓器」とも称される。これはまさに「難解」や「内臓感覚」と評されるクローネンバーグ映画を表象したものだ。体制側の登場人物が「腫瘍をアートと呼べるのか?」と吐き捨てる場面は、自作をアートと公言するクローネンバーグが幾度となく苦しめられた映画検閲システムを想起させるものであり、ここからも「創造的な癌」と「クローネンバーグ作品」が等号で結ばれることが裏打ちされる。

「創造的な癌」を作り続ける主人公ソールは、身体的に病んだ人間として描かれる。彼はアーティストであり知名度の高いスターだが、そのアート(臓器)は意味を持たない病気の産物なのだろうか、という問いかけがヴィゴ・モーテンセンの怪演を通して投げかけられる。そして映画のラストで、「創造的な癌」と「人間の進化」が交錯し、それはポジティブな進化を意味するものであったことが示される。自分の生み出したアートには意味があったことを確信し、レゾンデートルを理解した主人公は涙を流す。それはクローネンバーグがフィルモグラフィと人生を肯定したことをも意味する、ポジティブな輝きを湛えたものなのだ。

クローネンバーグは映画を通して自らのアートと人生を肯定してみせた。「もしや終活?」と訝しむ気持ちが鎌首をもたげるが、そう一筋縄では行かないのがこの監督だ。なんと早くも新作『The Shrouds』の撮影を開始。実業家が埋葬された死体と繋がることができるデバイスを開発する……というストーリーは、相変わらず死を意識したもの。だがそれ以上に「死のその先」を覗きこもうとする探求心が色濃くうかがえる。そう、「人間はもはや自然の摂理に従属していない」のだから、死の先でさえもコントロールが可能かもしれない。これまでの棚卸を終え、死を超えた新たな次元へと可能性を切り拓き始めたクローネンバーグ。これからの新境地を予告するかのように『クライムズ・オブ・ザ・フューチャー』ではこのようなセリフが放たれる。「新しいものの始まりよ」。

INTERVIEW

WITH DAVID CRONENBERG

『クライムズ・オブ・ザ・フューチャー』公開記念
デヴィッド・クローネンバーグ監督インタビュー
――我々はまだ、人間の身体を理解していない

取材：真魚八重子
Photo: Caitlin Cronenberg

真魚　本日はよろしくお願い致します。『クライムズ・オブ・ザ・フューチャー』はとても刺激的かつ官能的で、大変良かったです。

デヴィッド・クローネンバーグ（**以下DC**）　ありがとう。

真魚　最初の質問です。『クライムズ・オブ・ザ・フューチャー』には用途を持たない内臓、「創造的な癌」というものが登場します。監督は１９７０年に制作した『クライム・オブ・ザ・フューチャー／未来犯罪の確立』でもすでに、同様の臓器を登場させていましたね。そういったものに惹かれる理由を教えてください。

DC　まず、この役割を持たない臓器だけれど、実際のところ我々はつい最近まで、自分たちの臓器の役割はわかっていなかったわけです。腎臓にしても盲腸にしても、

なにがしかの細胞組織であることはわかっていたものの、なんの機能を果たすのか、けっこう最近まで知らなかったわけです。わからないままやってきた。
　古代ギリシャやローマでは戦争があったし、手術もあったから、人の内臓というものが切開されたりして、ある程度はわかっていた。でも本当に実際のところ、我々は人類史の大半を、自分が何者であるかわからずに過ごしてきたわけです。そして、DNAや染色体に関しては、ここ60年くらいの歴史しかない。そういったことを考えると、あのソール・テンサー（ヴィゴ・モーテンセン）の中から生まれる臓器は、果たして用途を持たないのかどうか、どうなんだ？　という問いの映画なんです。
　もしかしたらこれから新しい用途がつまびらかになるかもしれない。いまはわからないけど、どうなるだろうか。ソールも劇中で「自分の身体の進化に抗うのではなく、受け入れろ」と言われるわけですけど、進化論的に考えても妥当なことだと思います。つまり、人間が進化をしていく中で、人体はわざわざ、機能を持たないような臓器をみずから生み出すだろうか？　おそらく答えはノーです。今はわからないけれども、ゆくゆくはソール・テンサーが切除して取り出してしまった臓器は、プラス

チックを消化するための臓器なのかもしれないし、まだわからない、という描写なんです。

真魚　カプリース（レア・セドゥ）が操る手術用のデバイスは、カブトムシみたいな形ですよね。手術の器具も金属ではなく骨のようです。これまでにも監督の作品では、『イグジステンズ』の肉片のようなゲームポッドや、『裸のランチ』の昆虫とタイプライターが合体したものなど、有機物的です。こういった機械や手術は、監督にとってテクノロジーとはまた異なるものなのかと思ったんですが、いかがでしょうか？

DC　こういったことを表現しているつもりです――「テクノロジーは至極人間的な行為である」。

それこそ1930年代から50年代にかけては、SFで描かれるような技術では、非人間的なものであったり、エイリアンによるものであったり、何か外側にあるものだった。人間はそれと戦わなければならない、という構図があったわけですけど、僕はあまりそうは考えていなくて、むしろ人間の延長線上にあるものだと考えています。

つまり、我々の願望実現のツールであり、欲望の表れであり、力をつけたいというものなどです。たとえば普通に鈍器なども拳の代わりに使うもので、そういう力をつけたいという願望の実現ですよね。あるいは電話機なども、我々の声の、または耳の延長線にあるものなんです。まあそれこそ原子爆弾だって、人間が自然を支配しようという願望のひとつの表れでもあるわけです。

だから、人間の延長線上にあるものとして描いているから、ああいうことになるんだと思うんですが、これがまた、それはそれは楽しいんですよ。こういうのをデザインしていると。なのでどうだろう、実際のところ、僕は隠れた工業デザイナーなのかもしれない（笑）。そのくらい楽しくやらせてもらっています。そしてそのテクノロジーは、どんなテクノロジーも人間が生み出したものであって、至極人間的なものであると解釈するならば、それはいやがおうにも身体と結びつくものなんです、僕の場合は。というのはやはり「人間の実在の本体は身体にある」と思っているので、人間のありようについて語るのならば、それは身体を語ることと切っても切り離せないことになるので。だから、ああいったデザインになるんだと思います。

――クローネンバーグの肉体進化論

真魚　その延長線上の質問なのですが、この映画はテクノロジーに合わせて身体が進化していくということで、「人間がプラスチックを消化できるようになったらいい」という明るい希望のように受け取ったんですが、いかがでしょうか。もちろん、人間が環境破壊を起こしているというのは大前提なんですが。

DC　おっしゃる通り、そんなにネガティヴな悲嘆に暮れたことを表現しているつもりはなくて、少し希望をもたらすもののつもりで描いています。あの映画で描いている社会的背景については、社会の構造がどうなっているのかとか、なぜビルがすべて退廃的な感じなのか、なぜあそこに船があるのか、車がないのかとかは、あまり興味がない（笑）。

詳細には描いていないんですが、とにかくあの世界の中では身体は進化を遂げたと。それで人間というものは、結局人間を助くのは身体だと思うんです。なので、そういったことを描いたつもりです。我々はあのようにして、

地球環境を破壊してしまったんですけど——ここでひとつどうだろう、人間の身体の進化に期待して、もう我々の身体で解決してしまうというのはどうですか？　というひとつの挑発的な問いかけのつもりで、あのくだりを書きました。

まあ結局ダーウィンの進化論に関しても、同じことが言えるんですけども、結局サヴァイヴするために、肉体が進化しているのであって、より高次な存在になるためではないんです。宗教指導者はそういうことを言い、天使に近づいたり神に近づいたりするのが進化だというふうに問うわけですけども、僕は全然そうではないと思っていて。あくまでサバイヴするために我々は肉体が変わってきているのだから、じゃあ肉体に任せてみるのはどうか？　と。破壊されてしまった環境の中で生き抜くためには、身体が方向性を指示してくれるのではないですか？　という。まあこれは冗談半分ですけど（笑）、でも冗談半分で挑発しています。

しかし実際のところ、マイクロプラスチックも問題になってきていて、我々人間のほとんどが体内にマイクロプラスチックがあり、それこそ血液の中にあるとわかってきていますし、逆にプラスチックを養分にできるバクテリアが発見されたりして、立派な単細胞生物ですよね。だから僕がここで描いていることは、意外と大それたことではないかもしれません。

——先駆者たちの運命

真魚　そういった生まれつきプラスチックの消化器官を持った少年ブレッケンや、または『イグジステンズ』ではゲーム開発者がアンチに暗殺されてしまいます。そういったモチーフが現れるのはなぜなんでしょう？

DC　みんながみんな、先駆者が暗殺されるということはなくて、死ぬべき存在ってことではないんですよ。ただやっぱり冒険者たち、パイオニアたちがどうしてもそういう定めになるところはあるのかなとは思います。彼らは新しい領域を初めて目にします。——つまりは様々な危険に身をさらすこと、そういう立場にある人たちなわけです。それはどんな冒険でも良くて、カナダの森林の中の冒険だったり、研究室のなかもまた冒険だったりするわけです。たとえばキュリー夫人は、放射能が有害だと知らずに触れて命を落としてしまったように、先駆者たちは非常に勇敢な存在であって、そして何かにものすごく執着したがために、または何かにものすごく好奇心を持ったがために、未知の領域に入って色々な危険に身をさらしてしまった。そういうこともあろうかと思います。みんながみんな、そうあるべきとは思ってはいませんが。

真魚　最後に、本作は非常に官能的で素晴らしいと思ったのですが、この映画の中では、まだ新しいセックスの形は定まっていないということでよろしいでしょうか？

DC　おっしゃる通りだと思います。いま色々あれこれ実験しているところなのでしょう。オールドセックスは死んでしまったというのは確実だと思いますけれども。彼らはまだ新しいセックスの形を見いだせずにいる、探求中であるというところだと思います。だから「手術は新しいセックスである」というセリフがあるけれども、これはあくまで多数ある可能性の中の、ひとつを指し示しているにすぎません。

HE FUTURE

設定資料
『クライムズ・オブ・ザ・フューチャー』を彩る
近未来ガジェットの数々

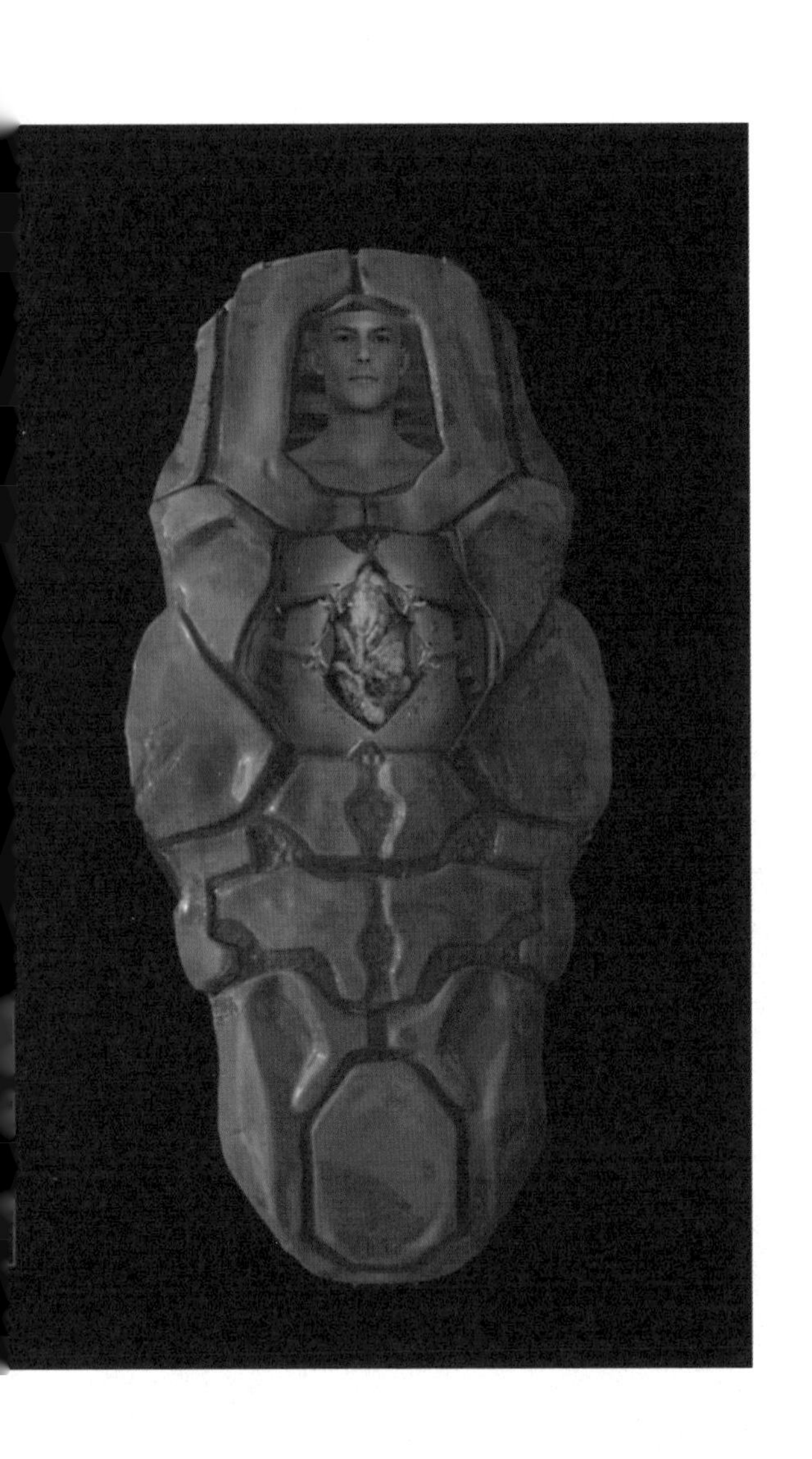

CRIMES OF

『クライムズ・オブ・ザ・フューチャー』には数々の蠱惑的なガジェットが登場する。ここではそれらの制作過程で作成されたデザイン画や模型の数々を紹介しよう。

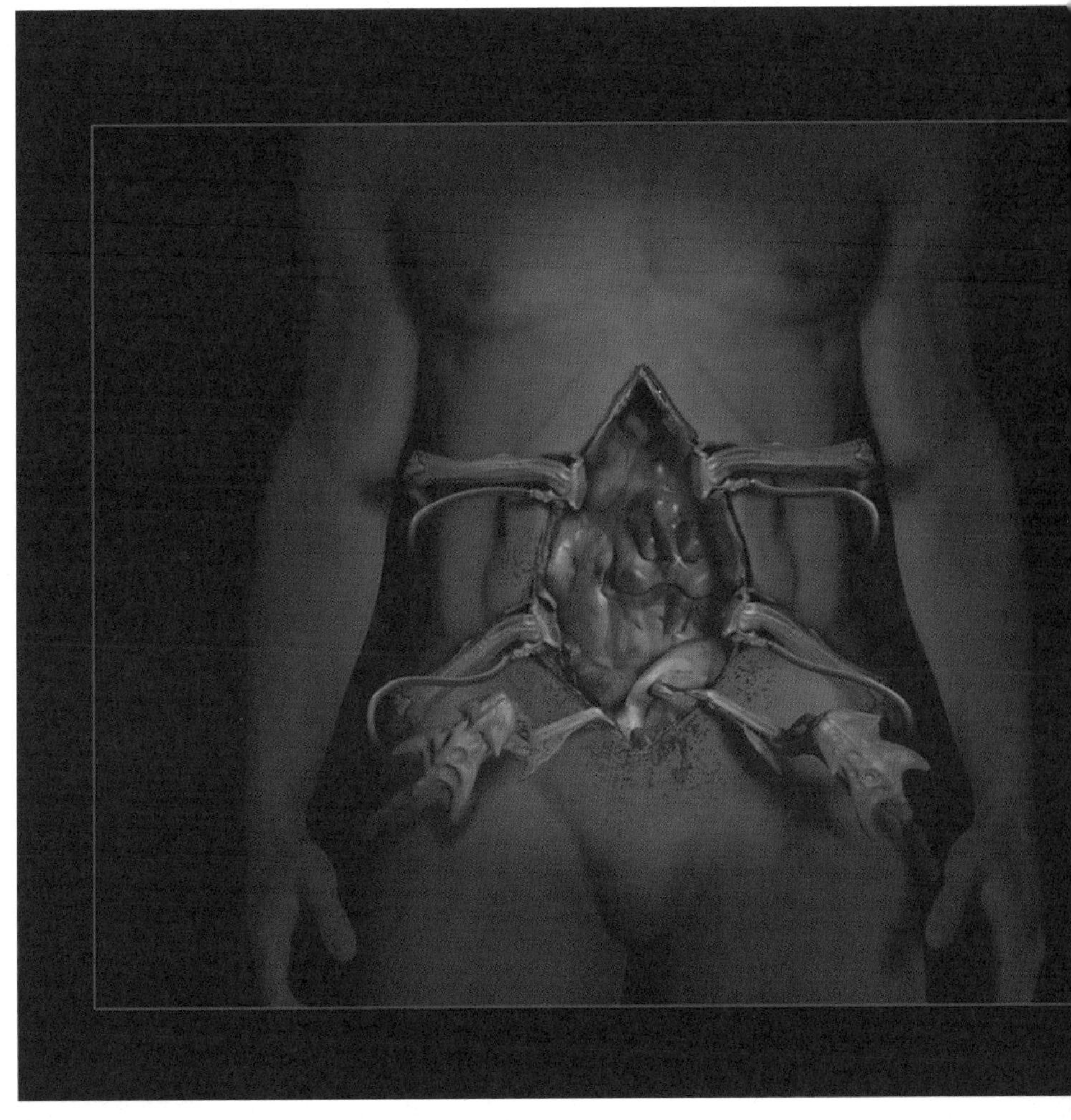

SARK

主人公のソール（ヴィゴ・モーテンセン）とパートナーのカプリース（レア・セドゥ）が「アート・パフォーマンス」を行う手術台が「サーク」だ。

ソールが甲殻のようなカプセルに横たわり、カプリースが遠隔操作する蟹の脚のようなメスで「新たな臓器」を摘出する。

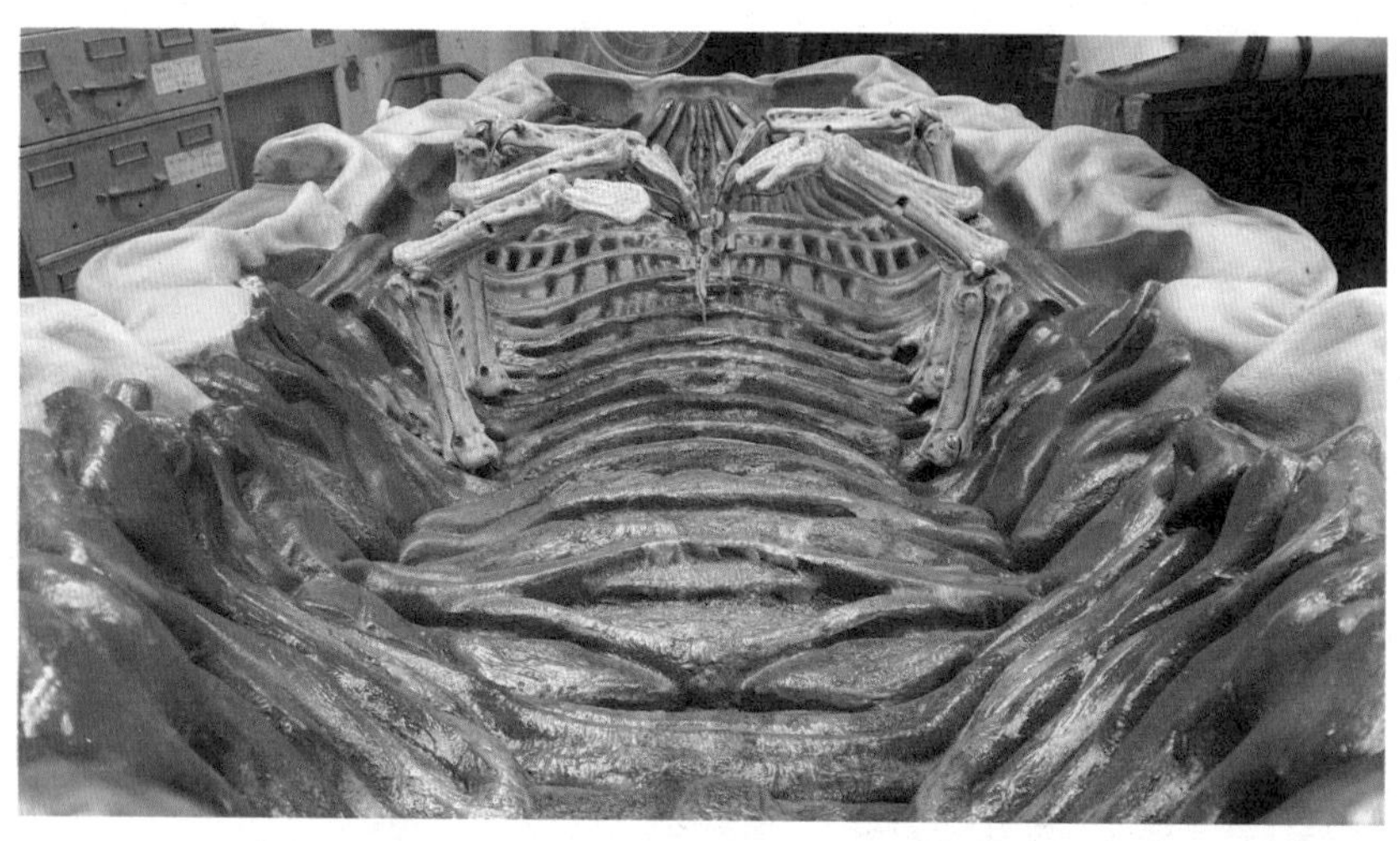

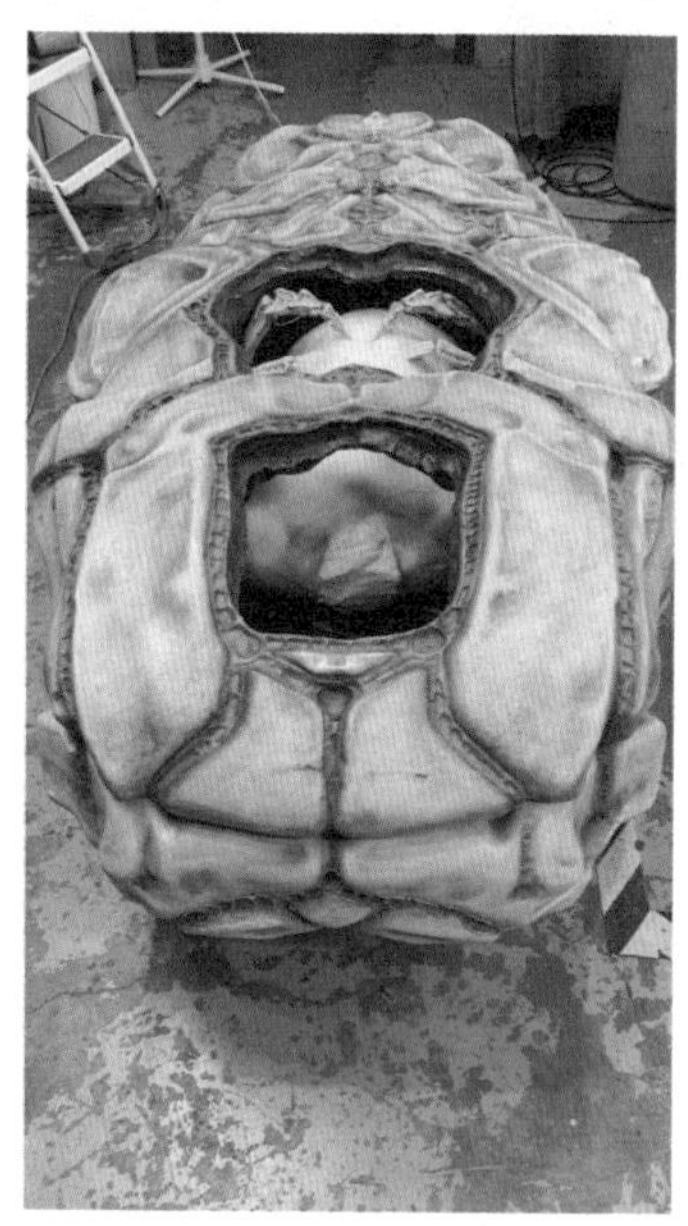

SARKの制作現場より

内部や裏側などのイメージ画の数々

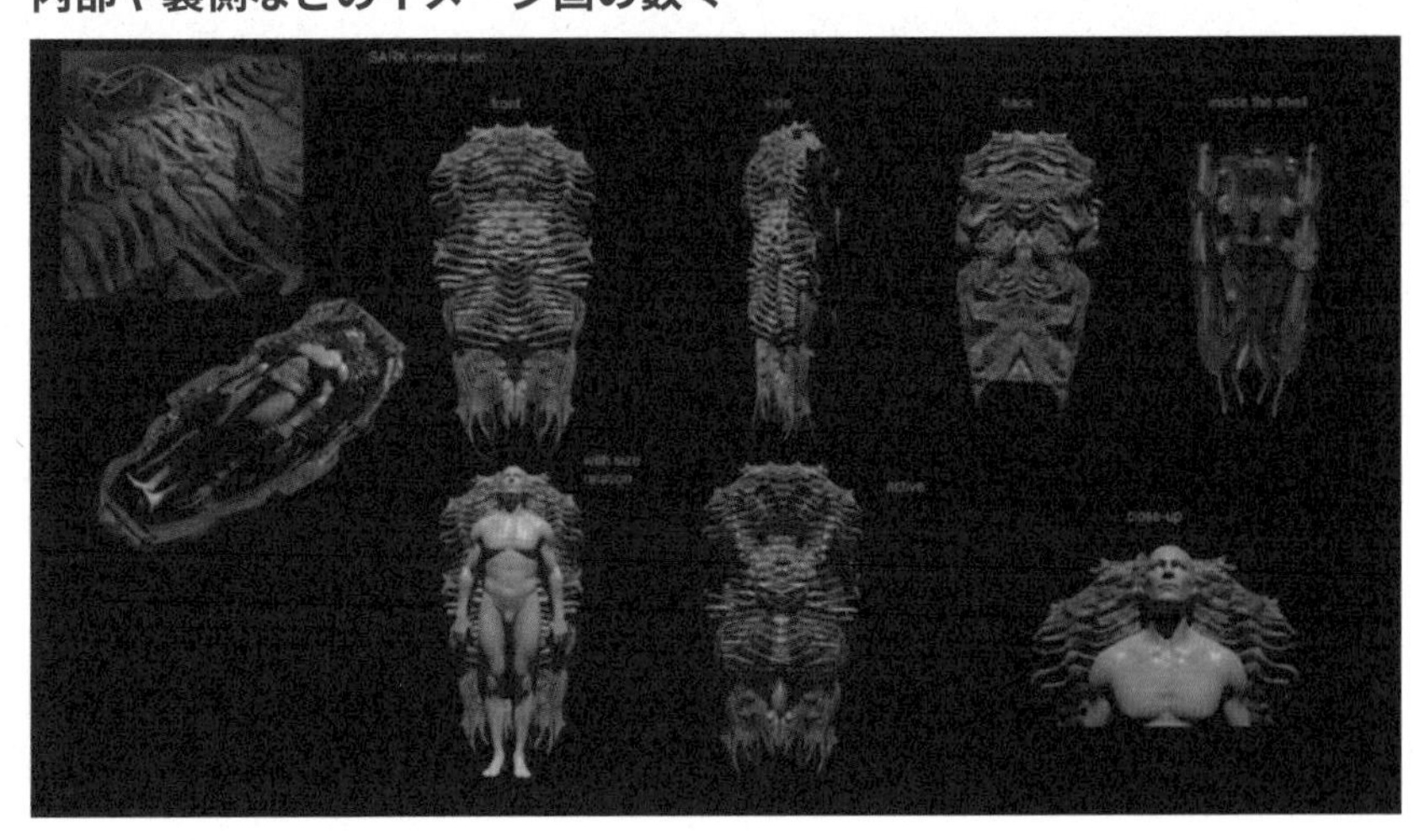

パフォーマンス風景のイメージ画

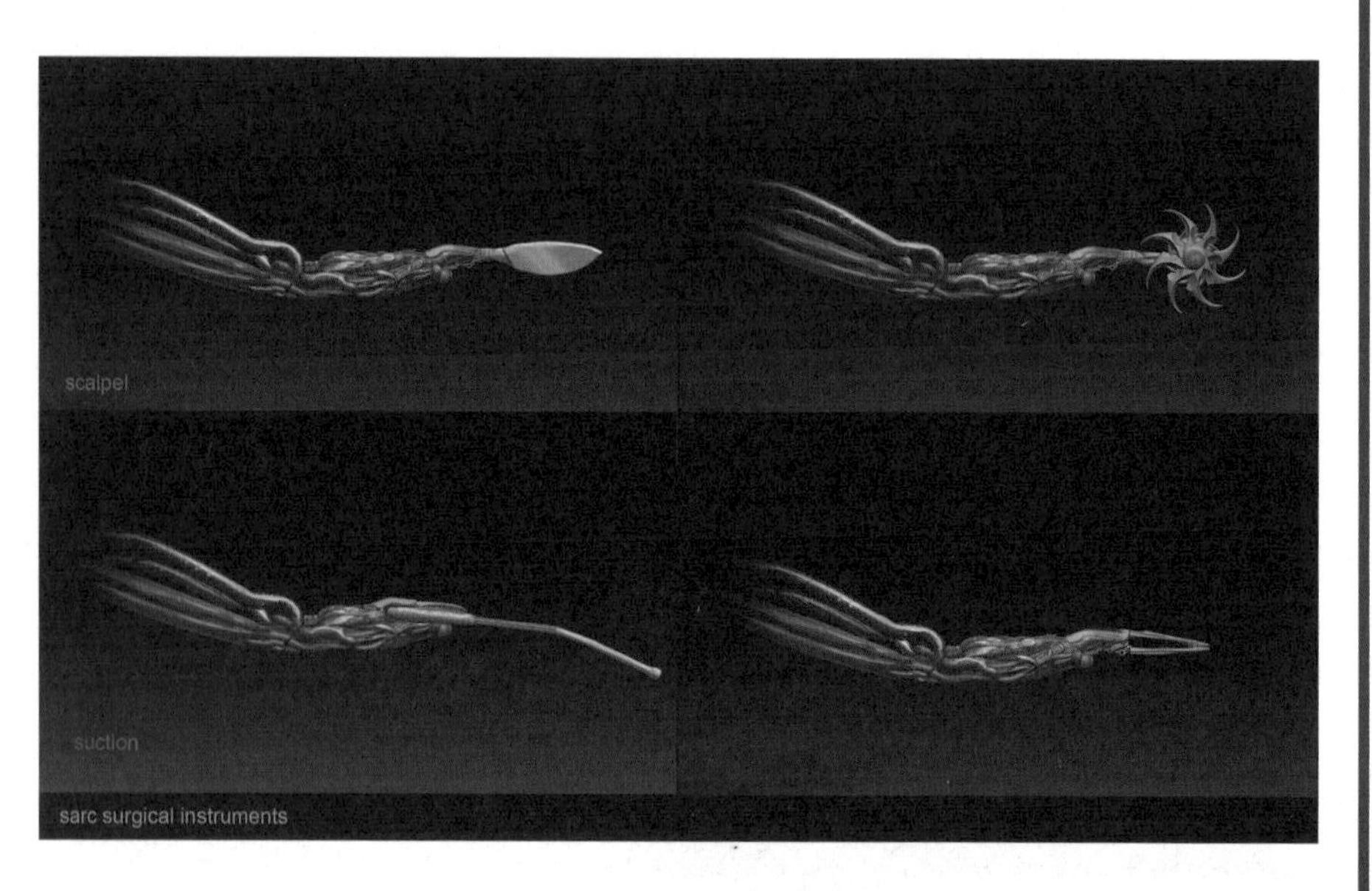

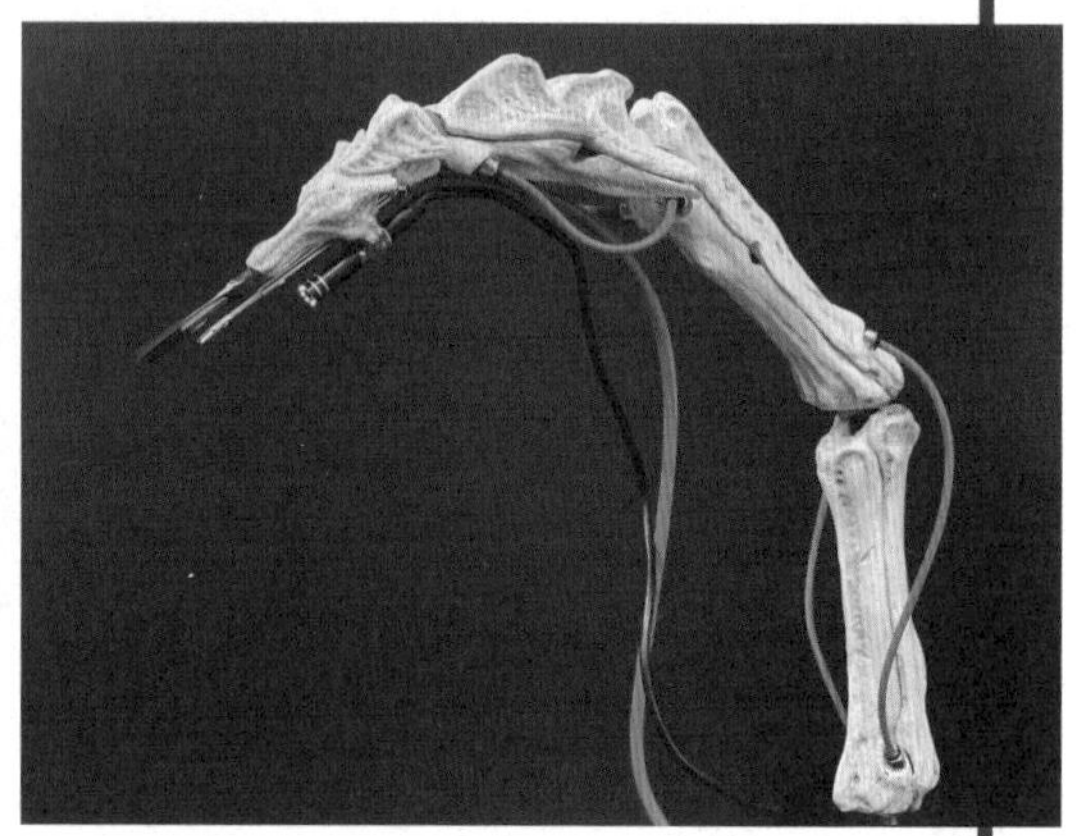

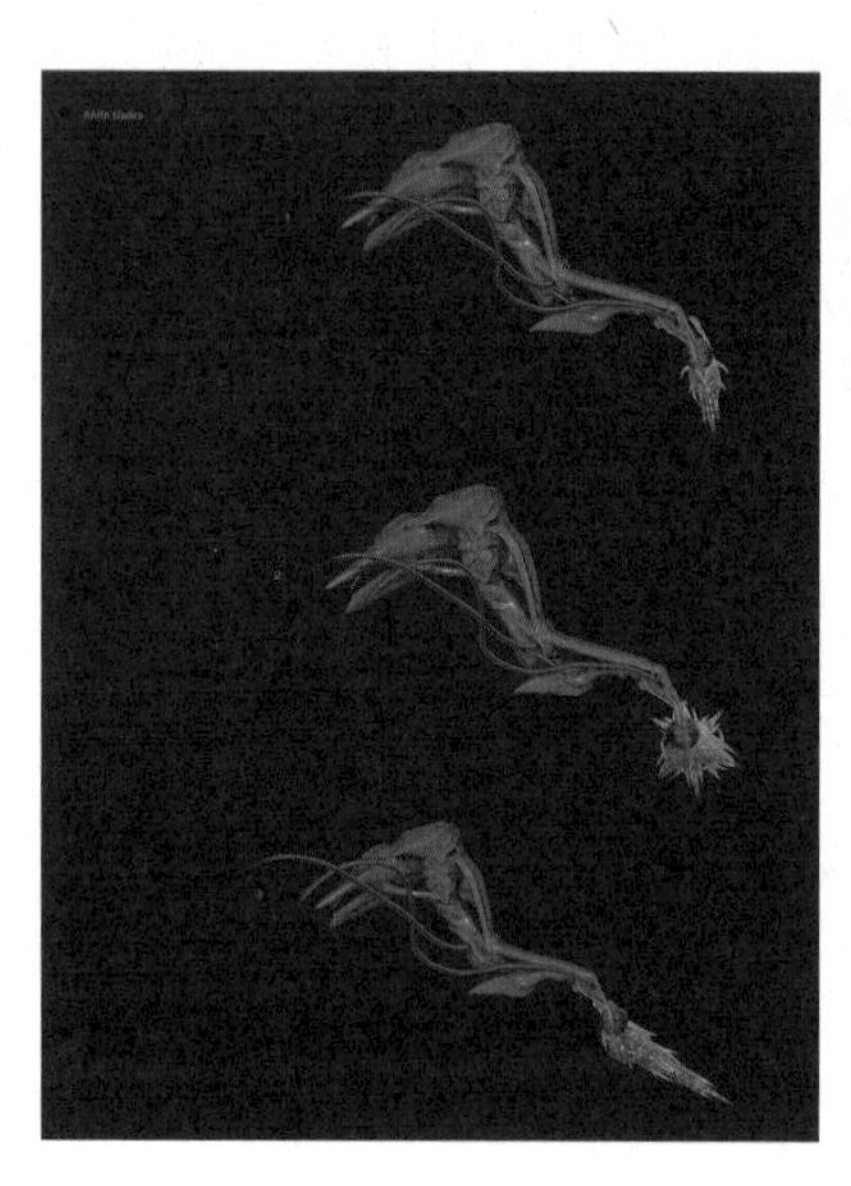

メスのイメージ画。
先端にはカメラがついている

OrchidBed

眠りを助けるために動く仕組みだが最近では調子が悪く、ここで眠るソールは常に苦しそうな顔をしている。

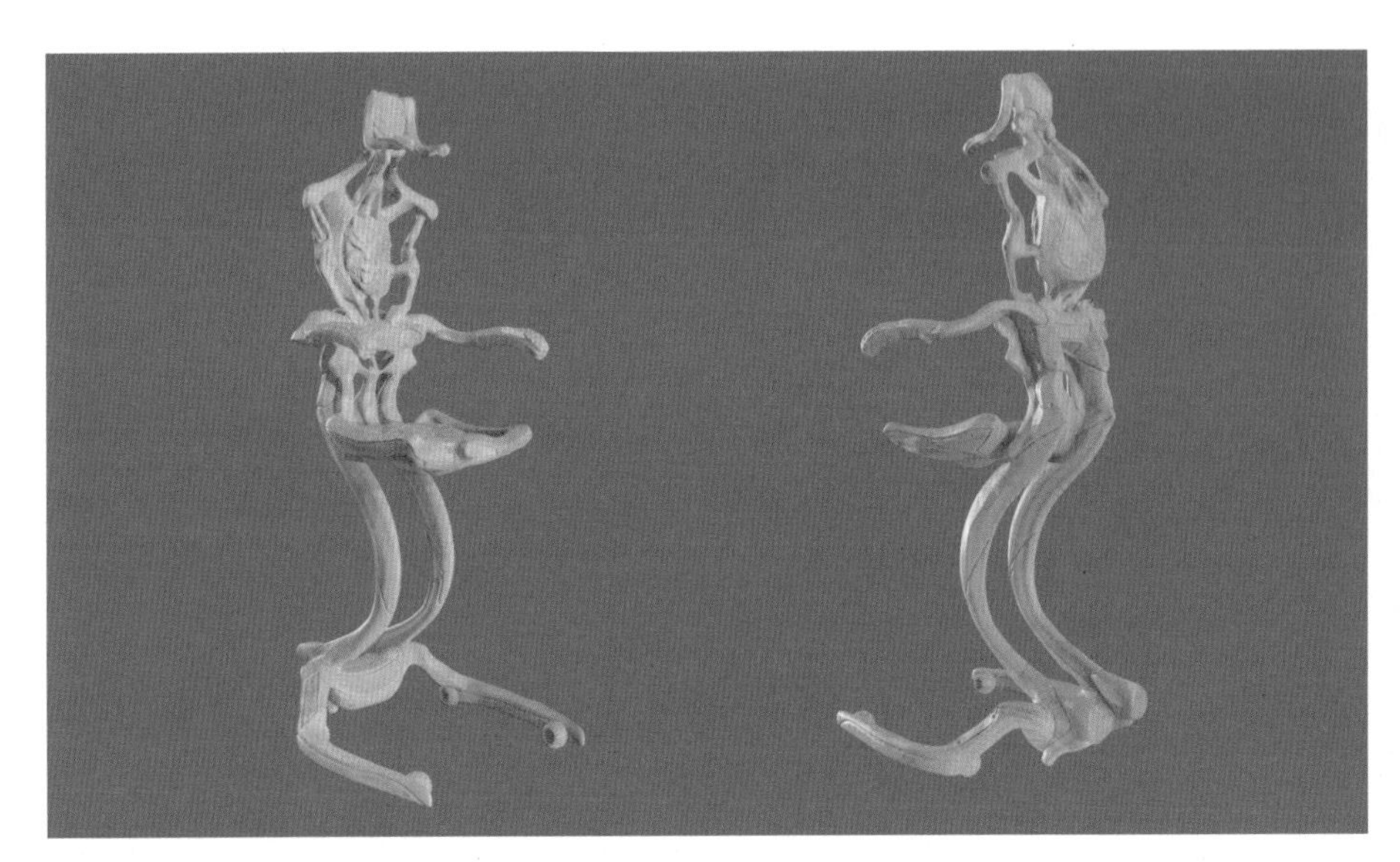

BreakFaster Chair

同じく、嚥下や消化を助けるために動く仕組みなのだが、やはりソールは苦しげに食事をしている。

体内に次々に発生する新しい臓器の数々が機器の機能を妨害していることが暗示される

INTERVIEW

ハワード・ショア（作曲家）インタヴュー

デヴィッドとのコラボレーションは私の映画の仕事全ての バックボーンになっている

1979年の『ザ・ブルード』以来、ほとんどのクローネンバーグ作品の音楽を担当してきたハワード・ショア（詳細については136ページのコラムを参照されたい）。今回の『クライムズ・オブ・ザ・フューチャー』も、彼のスコアが作品に彩りと深みを与えている。本インタヴューでは新作についてとともに、その長年にわたるクローネンバーグとのコラボレーションについても大いに語った貴重なものだ。

WITH HOWARD SHORE

——デヴィッド・クローネンバーグとのコラボレーションについて話していただけますか？

ハワード・ショア（以下HS） これでデヴィッドとは16作目になるんだよ、私たちは70年代末から組んでるからね。『ザ・ブルード　怒りのメタファー』や、『ヴィデオドローム』、『スキャナーズ』『ザ・フライ』、そういった作品を経て、ここまで長年、様々なタイプの映画をたくさん作り、様々なタイプの音楽をたくさん作ってきた。完全な交響楽もあれば、もっと実験的な音楽もある。デヴィッドとの仕事はいつも脚本から始めるんだよ。彼が小説を下敷きにした脚本を思いつけばすぐ知らせてくるし、オリジナルの脚本ならそれを送ってくる。そこから二人で、言葉だけをベースにして話し合っていく。

——今回の脚本はあなたにとって初めてのものでしたか、それとも何年も前に読んでいたのでしょうか。

HS うん、前に読んでいたよ、『Painkillers』の段階でね。

——この世界のサウンドを生み出すためにどのようなアプローチで臨みましたか？

HS 私が映画でやりたいことというのはその世界を音楽で作り出すことでね、『クラッシュ』にしても、『ロード・オブ・ザ・リング』なんかにしても、私は音楽の中にその世界をすっかり生み出そうとしているんだ。音楽で言葉を反映し、ストーリーに描かれる思想や着想を映し出して、その世界全体を音楽の中に生み出すことを目指している。ある一つの世界を生み出せたら、本当に私は幸せなんだよ。『クライムズ・オブ・ザ・フューチャー』では初めから終わりまですっかり作り上げることができて、そのプロセスはすごく楽しかったし、電子の世界もアコースティックの世界も作ることができた。このストーリーにしかない世界をね。

——脚本のどこが、あなたにそういう音楽を生み出すことにつながったのでしょう。

HS うーん、一つには、自分がそのとき作曲面でどんな経験を積みつつあるか、そこと関係していると思う。

私はそのときまで交響楽をちょっと手掛けていて、電子音楽で何かやろうという気になっていたんだよ。『スキャナーズ』や『ビデオドローム』、その後の『クラッシュ』、あの頃作っていたような電子音楽を何かまたやってみたいと。というのも、デヴィッドとの仕事ではいつもエレクトロニクスが要素として入っていたからね。サンプルもサウンドも本当に最初から独自のものを生み出したい。だから私にすれば、それまでのアコースティックの世界とは違う要素を使えることになったわけだ。と言っても、今作でもアコースティックは使っているんだよ、オンタリオでペンデレツキのストリング・カルテットとレコーディングしてね、彼らが曲に人間味を与えてくれた。そういう人間らしさが欲しいと思っていたシーンもあったから。

――音楽がどんな形で映画に感情を加え、あるいは補うものか、お聞かせいただけますか。

HS デヴィッドとの仕事はね、すごく直感的なんだ。知り合ってもう長いし、映画も長年、30年か35年か、ここまで何本も一緒にやってるからね、お互い勘でわかるというか、そんなに話し合ったりもしないんだ……映画に目星がついたら、私はデヴィッドが口にすること全てを逃さずしっかり聞いて、そういう情報を頭に入れて、彼が作品を撮ったら、そこからはちょっと夢を見ているような状態になる。ほら、内側で音楽をヴィジュアライズして組み立てていくような感じかな、すごくそういうところがあるね。それからそれを形にしていく……私は今でも紙と鉛筆なんだよ、全部楽譜に起こすんだ。だけど楽譜にしてオーケストラ用に作曲するのではなく……アコースティック楽器向けに作曲をするのではなく、今回は電子楽器のために作っている。この映画のために作った電子音楽……プロセスはオーケストラ向けの楽譜を作るのとさほど違いはないんだよ、ただサウンドの扱い方が違うんだね。

――あなたなら、この映画をどのように説明します?

HS 非常に不思議な映画だね、私にはあまりうまく説明できそうもないけれど、果敢に挑み、それだけのやりがいを得られる映画で、他にはない独創性があって……素晴らしい、クローネンバーグにしかできない作品だ。

何年も前から彼がずっと考えていたことが数多く反映されていて、すごくそれが感じられる……デヴィッド・クローネンバーグにしかこんな脚本は書けないし、こんな映画を監督できるはずがないよ。それにキャストも素晴らしい、だってヴィゴ・モーテンセン、レア・セドゥ、クリステン・スチュワートだよ……他にも素晴らしい役者が揃っているしね……当然ながら、役者の演技も、その作品を本当に独自の、他にはないものにする要素なんだから。

――ヴィゴは彼の役柄にも作品にも大きな効果をもたらしていますよね。

HS ヴィゴとデヴィッドはいいパートナーだ、確か二人が組むのはこれが3本目だろう…（インタビュアー：「4本目ですね」）そうだ、4本目だ、君の言う通り。『危険なメソッド』『イースタン・プロミス』『ヒストリー・オブ・バイオレンス』……うん、これで4本目だね。

――あなたとデヴィッドとのコラボレーションは何本になりますか？

HS　劇場映画でデヴィッドと組むのはこれで16作目になる。他にもちょっとした（言葉を探す）……短めの、小規模なプロジェクトをやっているけれど、長編はこれで16本目だ。

――友人としてのデヴィッド、フィルムメーカーとしてのデヴィッドについてお話しいただけますか。

HS　まあ私たちは、これまで本当にたくさんの仕事を一緒にやってきたよね……彼は私より2歳くらい歳上で、だから本当の兄弟みたいな関係だけれど、私はデヴィッドと実際に会うより先に映画を見ていたんだ。アンダーグラウンド映画祭とかで上映されていたんだよ、トロントで開かれていた映画祭……その頃私はまだ思春期で、17、8とか19歳くらいだね、そういう時期に彼の映画を見ていたものの、実際に彼の映画音楽をやらせて欲しいと持ちかけたのは78年の『ザ・ブルード　怒りのメタファー』が初めてだった。それまで彼は作曲家と組んだことがなくて、私の方も映画監督と仕事をしたというほどではなくて、『ザ・ブルード』以前には1本しかやっていなかった。だから私たちはだんだんと関係を築いていき、仕事のやり方を学んでいった感じだね……監督はどのように作曲家と仕事を進めていけばいいのか、作曲家は監督とどのように仕事したらいいのか、私たちだけのルールをたくさん作ったよ。彼はクリエイティヴ面ですごく自由にさせてくれるんだ、非常に公平なアプローチで映画を作る人で、一人一人が映画にどんなものを与えてくれるかということに関心を持っている。作曲家にすればとてもありがたいことで、だからこれまで私たちの関係は常に極めて実りのある素晴らしいものとなった……いつも背骨のようなものだと思うんだよ、私の映画の仕事全てのバックボーンになっている。この時点でデヴィッドとは15本か16本映画をやっているんだからね。

――あなたから彼にアプローチして、いわばあなたから関係を作ったとは知りませんでした。

HS　彼の作品について学んでから話を持っていったんだ、ちゃんと確認しておきたかったからね、だけれど私は……そうやってしばらくの間、彼の映画に影響を受けつつ、ボストンで作曲の勉強もしていて、でまあ私はミュージシャンとして、作曲家として生きていこうとしていたんだよね。私はずっと、映画音楽をちょっと実験的なものとして考えていた。というのも私が育った50年代、60年代の映画音楽というのは……すごく実験的なものもあっただろう、私はそういうものが好きで、興味があってね、そういうものにチャレンジしてみたいと考えていた。だから私たちはこれだけ様々な種類の楽曲を使って映画にアプローチしてみようと、違った形で音楽を使ってみようと試みた……もう一つちょっと言っておきたいのは、これだけ長くグループで仕事をしていると、振り返るわけにいかないということ。常に前を向いて進むしかない。常に挑戦なんだよ、なぜならばみんなこちらの仕事をずっと見てきているからね、同じものをまた見せられたくないんだ。みんな新しい曲の流れる映画を見たいし、ここまでどんなものをやってきたかすっかり知っているだろう、だからそれが常にクローネンバーグ映画を極めてクリエイティヴな方向に駆り立てていくことになる。誰もがみんな、映画における可能性を突き詰めていこうとしているから。

――彼が7、8年の沈黙の後でまた映画を作ろうとしたことは意外でしたか？

HS いや全く。私もまた戻ってきて欲しいと願っていたし、その間も彼とはよく話をしていて、だから私にはね、彼はいずれやるだろう、またやるはずだと察しがついていたんだよ。だってもう染み込んでいるんだ、入り込んでいるんだから、体の中にさ。だからやりたくなるんだよ、この仕事をしなきゃって思うはずなんだ。だから私は彼が復帰しても別に驚かなかった。彼にはまた映画を作るだけの強さがあるとわかっていたから。

INTERVIEW

アレクサンドラ・アンガー
&
モニカ・パベス
インタヴュー

――鍵を握る特殊メイクアップ・アーティスト

トロントを拠点に活動する特殊メイクアーティスト、アレクサンドラ・アンガーとモニカ・ペイヴズのインタヴューをお送りする。二人は本作によりカナダの映像制作者にとってもっと権威のあるカナダ・スクリーン・アワード、およびカナダのＳＦ・ファンタジー・ホラー映画の賞であるサターン賞にて最優秀メイクアップ賞を受賞した。なお、本インタヴューは撮影開始前後の 2021 年 8 月に行われた。

WITH

ALEXANDRA ANGER
AND
MONICA PAVEZ

――今回がデヴィッド・クローネンバーグとの初仕事ですか？

アレクサンドラ・アンガー（**以下AA**）　おかしな話で、監督としての彼と組むのは私たち今回が初めてだけど、役者としての彼とは仕事したことがあるの。

モニカ・パベス（**以下MP**）　そうなの、この春と秋に放映されたカナダのTVシリーズで、彼に特殊メイクをして、彼の体のダミーも作った。光栄だったな、最高の仕事だった。

――特殊メイクの工程を教えてもらえますか？

AA　そうね、でも実のところ今回は面白いケースでもあって、こんなに世界中から集まってるキャストは私たちにとって初めてだったの。だから役者さんそれぞれの国のスタッフに頼らなくてはいけない部分が大きくなった。私たちが取りかかるには、まず現地スタッフに体の模型や外観を準備してもらわないと……。

MP　そうなの、それでキャストが到着するまでの間にちょっと探っていたというか……計画を練っていたわけよ、キャロル（・スピア、美術担当）とクローネンバーグがおおまかにアイディアを立てていた。この映画は制作期間がかなり長いけど、私たちの準備の方はかなりタイト・スケジュールで、カナダでの制作期間でできることと、ギリシャに行ってからできることを比べて調整しなくてはいけなかった。ギリシャに行ってからも撮影の間ずっと仕事を続けなくてはいけないのはわかってたから。

――デザイン、および／または実際の制作において、一番難しかった点は？

AA　デザインの面からは、というか技術的には、製作自体はそう大変じゃなかった。それよりむしろ、デヴィッドがデザインをどう考えているかしっかり見極めることが重要で、それを何度か繰り返してデザインを変更したりして仕上げていって。あまりにどぎつくしたくない、私たちが生きている世界と乖離しないものを作らないと。

MP　とても面白い発見がたくさんあってね、私たちはこの仕事の流れの中でいろいろなことを探っていけた。脚本に書き込まれていることがあるでしょ、その裏にはヴィジョンがあって、そして実際にみんなが集まると、現場でいろんなことが動き始める。それに間違いなくアテネという土地が大きな影響を与えてくれた。この場所が持つ美しさは膨大な力を持っていて、デザインもそこからすごく影響を受けている。本当に興味深かった……それがデザインを発展させることに繋がって、私たちが現地入りした時にやるつもりでいたこともその影響を受けて変わってきて、すごくいい方向に進んでいるの。大冒険よ、それは間違いない・

——どこからインスピレーションを得たのか教えてもらえますか？

AA　そうね、一つにはクローネンバーグと話したこと……以前別のプロジェクトで組んだときも、明らかに彼は……誰でも知ってる通り、ボディ・ホラー……彼のジャンルといえばそれでしょ、それに彼はインタヴューでも何度となく言ってる、この肉体こそが私たちであって、人間の体の中にはすごく多くのものがあるんだって。そこからまさにインスピレーションが得られるし、人間の生物学的、生理学的な面に刺激されて面白いものが出てくる、それがどんなふうにどんな形で生じるのかということ。それがいい変化の場合もあるし、そうとは言えない場合もある。そう、仕事を進める上でそういう面をすごく考えたし、それに……カナダのクルーの一人は何年も前に『イグジステンズ』でデヴィッドと組んでいて、特殊メイクのスタッフとして活動していたから、彼にはデヴィッドがどんなデザインを求めているか察しがついたわけ、それが作業を進めていく上ですごく貴重な

ものになった。まさに旅だった（笑）（MP「まったく」）、そんな言い方じゃ足りないくらい。

MP　もちろんキャロルとも話しあってる。彼女はなんでもすごくよく知ってるでしょ、この世界のことも当然そうだし、それ以外のこともたくさん知っている人。それにデヴィッド本人とも何度も話して、ちょっとしたひねりをあちこちに加えていった。最高だった。

――どのようにして『クライムズ・オブ・ザ・フューチャー』の世界に命を吹き込み、現実のものにしたのでしょう。

MP　まだその途中だから話すのは難しいんだけど、ここまでのところ……そうね、行ったり来たりをすごく繰り返して……常に変わってきているから、ここまでの短い撮影期間でもいろんな部分で変わってきてる……全員が変わってきてる、スタッフの全員にとって変化があって、だから本当に……この質問はほんとに答えにくいな。

AA　私もいろんなことがだんだんと膨らんできたと思うのよね、さっきあなたが言ったように……デヴィッドの脚本に描かれているものがあって、彼本人がこれまで口にしてきたこともあるし、私たちが準備してきたものもあって、そして今の状況を見て、ちょっと他の面も見たりして、それからキャストに会って、役者さんたちと話すでしょう。すると彼らがキャラクターにどんなものを持ち込んでくれるかわかって、ある意味情報をくれるわけ、彼らはこういうものを取り入れてくれるんだなとこちらもちょっと考える、そう、だから……それが進化のプロセスかどうかわからないけど……。

MP　最終的にはグループ作業なの、それで実現するの（AA「そうそう」）、全員のインプットがあって、全員で団結するというか。ここまでを考えると、ずっと……ほんと、最高に素晴らしくて、本当に面白い。

AA　うん、コラボレーションを重ねることで命を吹き込んだんだよね……だからそう、みんなの力をもらって、助けられながらスタッフみんなと協力して、ほんとそう、私たちみんな団結して、一団となって、だからこのプロジェクトが本当に興味深いものになったのよ。

ボディ・ホラーの五十年

柳下毅一郎

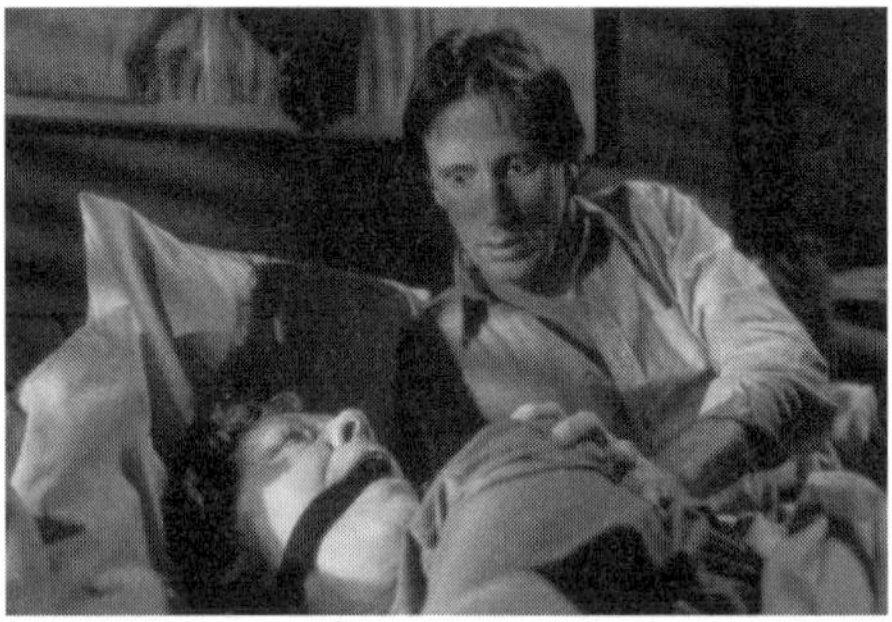

© 1982 Guardian Trust Company. All Rights R eserved.

1 クローネンバーグの身体変容

1970年代、新世代ホラーの旗手として華々しく登場したデヴィッド・クローネンバーグは、派手な人体破壊描写ゆえに「ボディ・ホラー」と呼ばれることになった。『ラビッド』で脇の下にペニスを生やし、人を襲うマリリン・チェンバース、『ブルード／怒りのメタファー』で、自分の憎しみで醜く姿を変えたサマンサ・エッガー、『スキャナーズ』の冒頭で、念力によって派手に爆発する頭。そうした描写は特殊メイク技術の進歩とも切り離せない。リック・ベイカー、トム・サヴィーニらがスターとなり、さらに推し進められた血糊描写がやがてスプラッター映画の黄金時代を作りだす。だが、クローネンバーグはそちらには向かわなかった。クローネンバーグにとっての人体破壊は、ただモンスターに襲われて手足をバラバラにされるのとは別な行為だったからである。

そもそもクローネンバーグのモンスターは、暗闇から飛びかかってきたりはしない。それは体の内側から人々を襲うものだ。商業用長編初監督作である『シーバース／人食い生物の島』では、人々はイモムシのような寄生生物に肛門から襲われる。米国公開時の宣伝コピー「They came from within（奴らは内側からやってくる）」はクローネンバーグ本人の作風の表現としてしばしば使われることになる。

『ブルード』の〝モンスター〟たちはノラ（サマンサ・

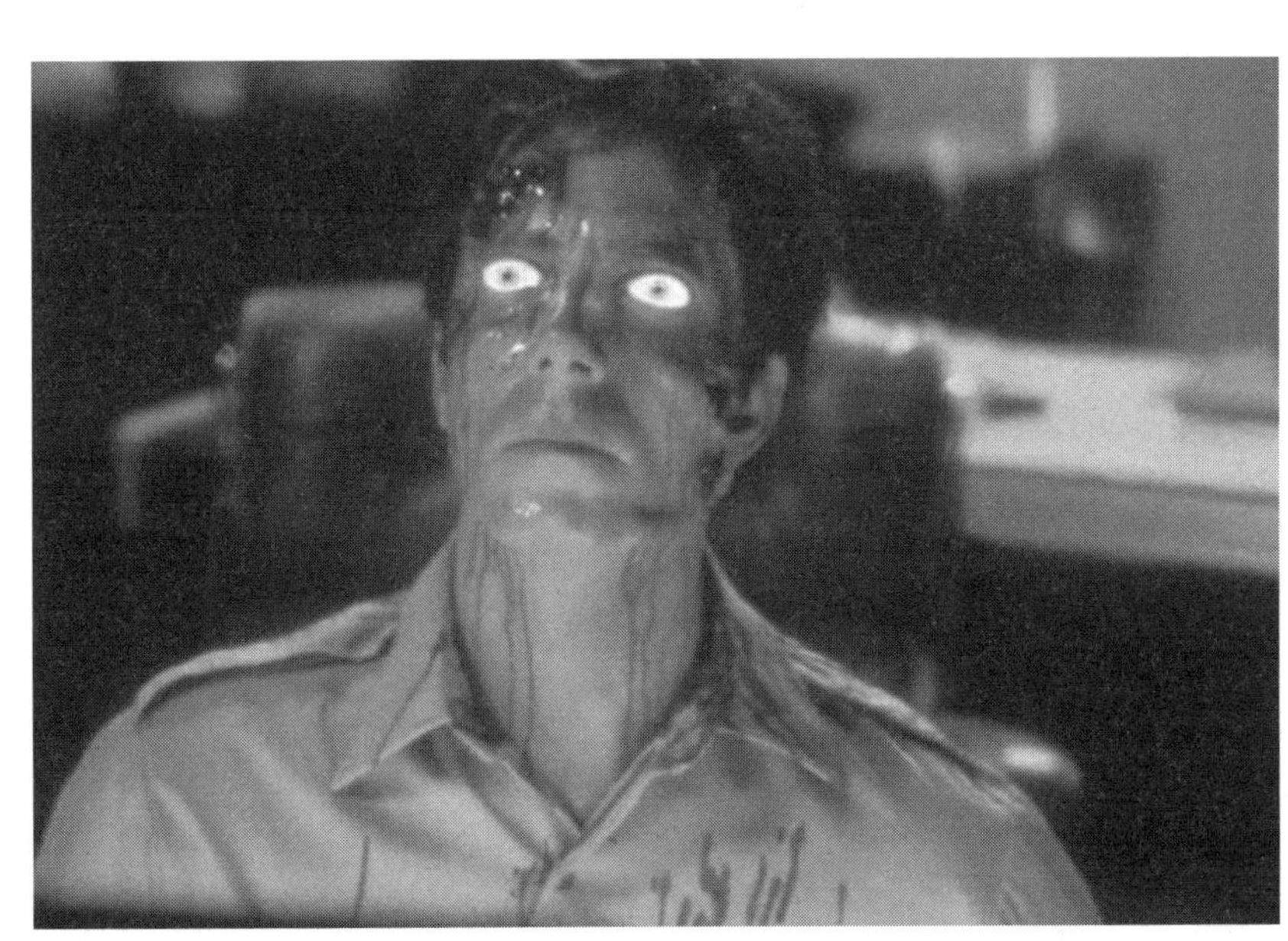

エッガー）自身が生みだしたものである。精神科医ラグラン博士が考案した革命的精神治療〝サイコプラズミクス療法〟は、精神的トラウマを肉体に表出させるものである。みずからのトラウマを直視できない弱い患者に、それを物質化させることで直視させるのが「サイコプラズミクス療法」だ。だが、人並み外れた能力を持つノラは己の怒りをひな（ブルード）として産み落とす。「ひな」たちはノラが憎む相手を勝手に襲うようになる。

クローネンバーグ初期の傑作『ブルード』は、自伝的内容よりも、サイコプラズミクス療法、すなわち精神による肉体変容こそが注目されなければならない。クローネンバーグは心身二元論をとらない。精神と肉体は一体であり、精神の歪みは肉体の歪みとしてあらわれる。精神は肉体を変容させるのだ。

2 精神が肉体を変容させる

クローネンバーグが一躍その名を高めることになった『ビデオドローム』は、アンダーグラウンドのSMビデオを見てしまった主人公が幻覚を見るようになり、機械と生物が溶け合う新たな肉体＝New Fleshを夢見るようになる。息づいて膨らむテレビ、マックス・レン（ジェームズ・ウッズ）の腹に開いたヴァギナのような裂け目。そして、右手と一体化した生体銃。リック・ベイカーが手掛けた独創的でグロテスクな特殊メイクは、クローネンバーグの〝ボディ・ホラー〟の頂点となった。

マックス・レンは謎のビデオ「ビデオドローム」に洗脳され、すると肉体が、いや世界そのものが変容してゆく。精神の変化は、世界そのものを変容させるのだ。それはいかなる意味なのか？

『戦慄の絆』はジェレミー・アイアンズが演じる双子の産婦人科医マントル兄弟の物語である。奇形の子宮を持つ女優と会ったことから、二人の精神のバランスは崩れてゆく。精神崩壊が自殺のような死にいきつくまで、端正に描かれる映画には「新たな肉体」は登場しない。特殊メイク抜きの演技と演出だけでマントル兄弟の崩壊が描かれるのは、クローネンバーグの保守化ではないかとも指摘された。だが、実のところ、それは『ビデオドローム』と、あるいは見てしまった未来を回避するためにテロリストになることを決意する『デッドゾーン』のクリストファー・ウォーケンとも同じなのである。クローネンバーグの主人公がしばしば自死を選択するかのように思える理由もそこにあろう。その意味を、さらにはっきりと示すのが『裸のランチ』である。

3 主観描写による現実変容

『裸のランチ』はクローネンバーグの最愛の作家ウィリアム・バロウズの映画化作品だが、それ以上にクローネンバーグの映画論として重要な一本である。主人公、ウィリアム・リー（ピーター・ウェラー）はドラッグに酔って幻想世界インターゾーンに旅をする。そこはタイプライターが言葉を喋り、汎セックス物体に変身する場所なのである。インターゾーンとはなんなのか？　それはリー＝バロウズの内面世界なのだ、とクローネンバーグは指摘する。それをたやすく「ドラッグによる幻想」と言うべきではない。薬の効果の下にあるとき、それは変化した現実というべきだ。現実そのものが変容する。それをそのまま見たのがインターゾーンなのである。

劇中、リーの元を訪れた旧友のアレンとジャック

が「……きみはインターゾーンに旅しているというんだね」と確かめる場面がある。二人に見えている現実はリーが見ているものとは違うのだ。観客はリーの見ているもうひとつの現実を見ているのである。

それこそが、クローネンバーグの秘密である。精神が肉体を変容させ、世界を変容させる秘密だ。『ビデオドローム』の「新たな肉体」こそ、幻覚の主観的表現にほかならない。マックス・レンが狂えるビデオ「ビデオドローム」によって幻視したのが「新たな肉体」の世界である。だが、それは他の人が見ているものとは違うのかもしれない。ビアンカ・オブリヴィオンに腹にビデオテープを突っ込まれ、再洗脳されたレンは暗殺者となるが、彼が「ビデオドロームに死を！」と勝鬨をあげるとき、人々が見たものはいったいなんだったのか？

多くの人がクローネンバーグのこうした手法を理

解できず、見たままですべてを理解しようとする。『エム・バタフライ』もまた実話に基づき、フランス人の老外交官が京劇役者を愛し、20年以上の長きにわたって同棲していた関係を描くものである。外交官は京劇役者が女形であることに気がつかず、ずっと相手を女として愛していたのである。この話にはさまざまな解釈が可能だ。外交官は自分がゲイだと気づいていなかったのかもしれない。クローネンバーグによれば、実際の外交官は性的にきわめてナイーブな人間だったのだという。だが、この話のどこにクローネンバーグが惹かれたのか、それはあきらかだろう。クローネンバーグは、これを主観によって現実を歪めてしまう男のドラマだと見てとったのだ。ジョン・ローンの女装姿が女に見えない、と映画は不評だったが、もちろん、それは映画が客観描写として世界を描いているからだ。どう見ても男性の相手を女性

と受け止めてしまう自己欺瞞、それこそがクローネンバーグが描こうとしたことである。もし外交官の主観描写として映画を作れば、それは美しい女性が主演をつとめることになったろう。だが、そのどこが面白いのか？

4 精神による肉体の支配

「ボディ・ホラー」からはじまったクローネンバーグは、はらわた描写へのフェティッシュを捨て、いつからかＳＦＸを使用しないメインストリームの映画を撮るようになった。クローネンバーグも保守化した、おとなしくなった、とさえ言われることもあった。『スパイダー／少年は蜘蛛にキスをする』、『ヒストリー・オブ・バイオレンス』、『イースタン・プロミス』と続く作品は、いずれもたしかに派手な特殊メイクのない一般映画である。だが、実際には『スパイダー』の主人公は己の狂気を重ね着した鎧で必死で自分の中に抑え込んでいる人間だった。彼の主観で映画をとれば、それは『ビデオドローム』のようにもなるだろう。いずれを取るかは選択でしかない。だが、クローネンバーグは客観描写の中でこぼれ落ちてくる裂け目を描くほうに傾いているようである。『危険なメソッド』の狂えるヒステリー患者のように。

『クライムズ・オブ・ザ・フューチャー』はクローネンバーグにとってひさびさのボディ・ホラーである。

全身耳男や食プラスチック少年など、クローネンバーグのはしゃぎっぷりが目に見えるような身体変容が次々に登場する。だがもちろん、クローネンバーグはフェティッシュだけで身体変形を扱うわけではない。これは「インナー・ビューティ」なる見えざるものをめぐるクローネンバーグのとりとめのない夢想なのだ。ヴィゴ・モーテンセン演じるソール・テンサーは体内に異常な臓器を発生させる「アーティスト」である。無意識にコントロールされるがまま、彼が産み落とす奇形の臓器は芸術品として珍重される。その用途はわからないままに。

それは造形芸術家の創作そのものであるとともに、クローネンバーグ自身の行為でもある。無意識にしたがって、グロテスクで使い道のわからない「アート作品」を生みだす男。『クライムズ・オブ・ザ・フューチャー』の世界は、クローネンバーグの目で見たこの世界の姿なのである。

クローネンバーグの出発点
『Transfer』『From the Drain』

森本在臣

クローネンバーグは、初めからクローネンバーグであったのか。

長らく視聴困難であったため、ファンの間では伝説化していた、クローネンバーグが学生時代に撮った16ミリ二作品を観ると、その疑問は確信に変わる。クローネンバーグの根底にある作家性は、学生時代からブレていない。もちろん、後のような向上した技術や、先鋭化された部分はまだここでは確認できないのであるが、クローネンバーグの核心として在るものはしっかりと表出している。

この直後の35ミリ作品、『ステレオ　均衡の消失』、『クライム・オブ・フューチャー　未来犯罪の確立』でもそうなのだが、学生時代のクローネンバーグが選択したスタイルは実験的なSFである。バロウズの著作から影響を受けたのであろう、エクスペリメンタルな領域へ片足を踏み入れたようなSF的世界を描こうという意思が感じられるのだ。

最初の短編作品『Transfer』は、雪山を舞台に精神科医と患者の会話が展開する。奇妙な雰囲気を作り出しているという点で、すでにクローネンバーグらしさは滲み出ている。しかし、後の天才が撮ったとはいえ学生映画であることには変わりないので、過度の期待は禁物である。精神医学用語のガジェットの隙間から見えてくる、人間的孤独の内省がミステリアスに機能しているところに味わい深さを見出して欲しい。

続く『From the Drain』も浴槽の中で二人の退役軍人が織りなす会話劇。『Transfer』の発展系とも捉えられる作品で、より見せ方の工夫とアイディアが豊かになっている印象だ。ここでも、外部である排水溝と心の内部を対比させ紐付けるような「内部と外部」の境界をぼやかす表現がいかにもクローネンバーグSFといった趣であり、彼の作品のファンであれば観ておいて損はない短編となっている。

二作品ともシンプルな会話劇なため、脚本一発勝負で特に演出などに見所がある訳ではないのだが、このスタイルはのちにも『ザ・ブルード』の冒頭などでも用いられており、クローネンバーグの得意な手法であるのかもしれない。何しろ二人の登場人物の会話だけ、なのである。削ぎ落とし過ぎて物足りなさを感じる方もおられるだろう。ただ、その会話だけ、という要素で一本の作品としてしっかり成立させている凄さは評価したい。

一つのシチュエーションでの対話という、アングラ舞台演劇に近い性質の映画を撮ったクローネンバーグ。彼はなぜこの手法を採用したのか、と考えてみよう。

会話というものは、単純に情報のやりとりだけを主眼としているわけではない。そこに含まれるニュアンスや理念、形式からはみ出した雑味にも似た要素が、ただの伝達・疎通よりも複雑で高次なステージを浮き上がらせる。クローネンバーグは物語をただストレートに提示するのではなく、この会話の持つ複雑な性質を利用したのではないだろうか。

後の作品からも伺えるポイントだが、クローネンバーグは存在的な意味での「自己と他者」を描くことが多い。自己が変質し、自己ではないものになり、内側にしかある筈のないものが、外部で表象化する。そのような変異のグラデーションを描く時に、会話というものは使い勝手の良い装置であるのだろう。言語は他者と接続するためのツールであるが、様々な意味性、隠された思考や観念を内在させることもできる。この二つの初期短編作品では、会話が展開していく中で、言語の素直な部分と密かに仕組まれた部分が絡み合い、映画を観ている観客にとって「映画作品」という定形に止まらない異形のフォルムへと想像力を傾けることが可能となっているのだ。クローネンバーグの会話の設置は確信的であり、革新的でもあった。唯一性や独自性を打ち出す為には、不定形に歪み、隠された部分が内在する余地のある「会話」そのものを映画として切り取ってしまえばいいのである。

我々観客はこの二つの映画を観て、ただの会話ではなく、その背後にあるもの（実際には存在しない虚像であったとしても）へと想像力の舵を切る。それは映画作品として創造されたものが、単純な「説明・疎通」のためだけの会話である筈がないという、無意識な先入観のトリガーを引くからであり、クローネンバーグの仕掛けた罠に正面から嵌まってしまうのだ。

人間の深淵を掘り下げようとする監督の試みは、そのまま観客へも「映画」という体験を通して伝えられる。登場人物も観客も、同一線上に並べてしまうような無言の強制力を「会話」を用いて行使しているのだ。

映画、それも学生の撮ったものなのだから、そんなに大したものではないだろう、と思う向きもあるだろう。確かに後年の作品と比べるのは酷というものだ。しかし、ひとたび真っ直ぐに向き合ってみれば、ここにある才能の光は無視できないものがある。

デヴィッド・クローネンバーグという才能は、最初からここにあり、今でも決して衰えることなく存在しているという事実に、震撼せざるをえない。

（輸入Blu-ray「David Cronenberg's Early Works」収録）

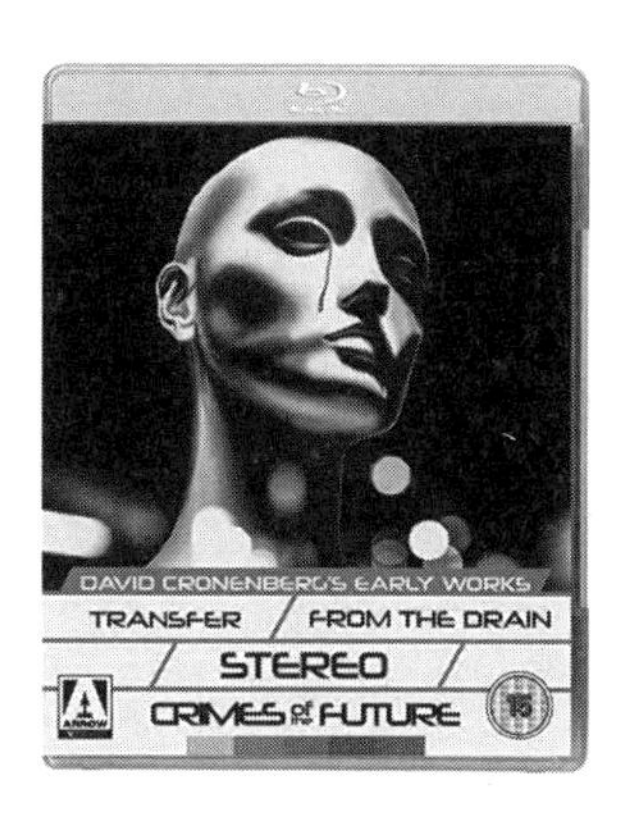

Transfer（66）
監督・脚本　デヴィッド・クローネンバーグ
出演　Rafe Macpherson、Mort Ritts

From the Drain（67）
監督・脚本　デヴィッド・クローネンバーグ
出演　Rafe Macpherson、Stefan Nosko

プロトタイプとなる初期長編たち

真魚八重子

『ステレオ／均衡の遺失』

クローネンバーグの初長編監督作であり、脚本、撮影、編集も手掛けている。

ある施設で、テレパシーによる既存の家族形態に囚われない、新しい性愛のあり方で関係性を築く実験が行われる。ボランティアで参加した被験者たちは、言語能力を取り除くことに同意している。性愛はもちろん異性愛、同性愛、二人といった単位は問わない。どうやらそれは、ストリングフェローという博士の理論に基づくものらしい。徐々に被験者たちには様々な変化がみられるようになっていき、二重人格化に至る女性や、二人の自殺者を出す事態となる。映画はその様子をモノクロの無音で撮影した記録映像に、解説の音声だけが加わったシンプルな作風となっている。

まず何よりも本作の主人公は建造物と言わねばならない。被験者たちの地味な行動と難解なナレーションに対し、一番魅力を放っているのが、撮影の舞台となったトロント大学の校舎である。ミシサガキャンパスの環状で壁が柵のようになったホール。メインで撮影されたスカボロキャンパスにある建造物は、アシンメトリーであったり、立方体の周囲を大量の窓ガラスが覆っていたりする。内部も丸みを帯びた大胆なスロープなど、建物にばかり目がいってしまう。

本作は非常に極端な演出に振り切りつつ、のちの作品の萌芽も見て取れる。性愛とテレパシーの実験はボランティアの被験者たちに、いびつな能力の発達を与える。それはとうとう自殺者を出してしまうが、そのうちの一人の自殺方法は、『スキャナーズ』においてマイケル・アイアンサンドも試みたものだ。またテレパシーをヴァーチャルリアリティゲームに発展させたのが『イグジステンズ』だろう。現実の肉体を使わなくても、体感型ゲームができ、その中でジュード・ロウとジェニファー・ジェイソン・リーは、性器以外で性行為的な交わりをする。

のちに映像化できたものを観れば、予算や技術的に不可能であった20代のクローネンバーグが、すでに発想の源をここに織り込んでいたことがわかる。本作でまったく商業的な色目を使っていないのも、後年のクローネンバーグは人気俳優と予算を確保できるようになっただけで、時折、基本的な姿勢は変わっていないのではないかと思える作品も撮っている。そういう意味でも、本作はそっけない作風のプロトタイプといえよう。

『クライム・オブ・ザ・フューチャー／未来犯罪の確立』

新作の『クライムズ・オブ・ザ・フューチャー』とタイトルはほぼ同じだが、内容に連続性はない。ただ新作でも重要なテーマとなる、体内に役割を持たない臓器が生まれる「創造的な癌」といった、魅惑的なイメージが描かれたのが本作だ。『ステレオ』と同じくクローネンバーグが監督、脚本、撮影、編集を担当しており、無音の録音に解説としての音声をかぶせる形は継続している。とっつきにくいナレーションと映像の羅列は、インスタレーションのようでもある。だがやはり、その後のクローネンバーグ作品で見られるモチーフが登場する、重要な作品だ。

本作は1970年に制作されていて、舞台は近未来の1997年。世界は化粧品がもたらす疫病が原因で、女性がほぼ死滅した状況にあった。その病は皮膚科医アントワーヌ・ルージュの名前をとって、ルージュ病と呼ばれていた。ルージュの弟子で、皮膚科クリニックの臨時院長であるエイドリアン・トライポッドは、失踪したアントワーヌ・ルージュを捜すことにする。この映画のナレーションは、見聞に基づくこのトライポッドによるものだ。

ルージュ病は感染した成人女性の中でウイルスが変化し、男性にも被害を与えるようになっていた。他にも奇病が起こり、体内で新たな臓器が作り出される病も起こっている。トライポッドはすでにアントワーヌがこの世にいないことを感じながら、小児性愛者のグループと接触する。薬物によって思春期を促進された5歳の少女と性交渉し、妊娠させるしか人類存続の方法はないと彼らは考えていた。

当時でもショッキングな設定であっただろうし、現代では考えづらい設定かもしれない。ただし、クローネンバーグの大人な感覚的なものだろうが、小児性愛者たちもいざとなると気持ちが挫けて、少女を置いて部屋を出ていってしまう。そのため本作では、現実に存在し行われているような、小児性愛者の蛮行を観ることはないので安心してほしい。

女性が死滅した世界という設定は、クローネンバーグについて回る女性がおざなりというイメージを、最初期に印象付けた作品かもしれない。だがクローネンバーグが商業監督として認められ始めた、『シーバース』のリン・ローリーや、『クライム・オブ・ザ・フューチャー』のように疫病が流行する『ラビッド』のマリリン・チェンバースといった女優は、象徴的女性像で理想的に撮られている。性愛が強くテーマにあるクローネンバーグの世界では、俳優は男女とも性的に解放性が重視されるということだろう。

Stereo（69）
監督・脚本・撮影　デヴィッド・クローネンバーグ
出演　ロナルド・モロジック、ジャック・メッシンガー、K・マイヤー
　　　イアン・イウィング

Crimes of The Future（70）
製作・監督・脚本・撮影　デヴィッド・クローネンバーグ
出演　ロナルド・モロジック、ジョン・リドルト、タニア・ゾルティ
　　　J・メシンガー

医学的かつ現代的で身体に焦点を当てたもの『シーバース／人喰い生物の島』

伊東美和

デヴィッド・クローネンバーグは、グロテスクな身体変容を描いたボディ・ホラーの先駆者と見なされているが、本人は自作をそう呼んだことはないし、そうしたジャンルを意識的に撮ったこともないと否定する。彼は自身のホラー映画を「医学的かつ現代的で身体に焦点を当てたもの」と表現しており、それは一貫して人間とテクノロジーが結びついた時に生じる危険性、もしくは倒錯した快楽を主題としている。

クローネンバーグの商業長編映画デビュー作『シーバース／人喰い生物の島』は、人工的に作り出された寄生虫が引き起こす局地的なパニックを描き出す。後の『ビデオドローム』『ザ・フライ』に連なるボディ・ホラーのプロトタイプであると同時に、まさに「医学的かつ現代的で身体に焦点を当てたもの」でもある。本人が「当時は映画のことを分かっていなかった」と弁解するように、本作には技術的に未熟なところが見られるものの、すでにクローネンバーグ的としか言いようのない世界が確立されている。

物語の舞台は、モントリオールからほど近い島に建設された高級マンション。若い夫婦が1階の事務所で不動産業者から説明を受けている間に、階上では惨たらしい事件が起きている。髭面の男が少女を絞め殺し、メスで腹を裂いて酸を流し入れ、自分の喉を掻き切って自殺するのだ。

遺体を発見した医師セントルックは、少女を殺した男が恩師のホッブス博士だと知って驚く。そしてホッブス博士の共同研究者リンスキーと会い、博士が新種の寄生虫を研究していたことを聞き出す。その寄生虫とは、人間の損傷した臓器の代わりとして機能するはずのものだった。

だが、人工臓器として開発された、というのは表向きの理由でしかなかった。リンスキーの部屋の冷蔵庫には、その答えのようなメモ書きがマグネットで留めてある。「セックスは賢い性病による発明である」。寄生虫は媚薬と性病の性質を併せ持ち、感染者をアグレッシブなセックス狂に変えるのだ。

ホッブス博士は、現代人は過剰に知的になりすぎたと考え、人類に原始的な衝動を取り戻すべく寄生虫を開発した。彼は愛人だった少女を一種の培養器として利用していたが、寄生虫をコントロールしきれなくなって凶行に及んだのだ。セントルックがこの事実に気づいた時には、すでにマンション中に寄生虫の感染が広がっており……。

クローネンバーグによれば、本作のアイデアのもとになったのは、自身が見たクモの夢だという。夢の中のクモは夜になると女性の口から出てきて家中を這い回り、朝になるとまた口の中に戻っていく。女性はそのことについて何も知らないが、昼間はクモに生命を吹き込まれているようなところがある。クローネンバーグは、この夢を「日常感じる奇妙な不安感を具体的に映像化したもの」と解釈している。

だが、より直接的なインスピレーションは、ジョージ・A・ロメロ監督『ザ・クレイジーズ／細菌兵器の恐怖』

（73）からだろう。人間を凶暴化させる細菌兵器が引き起こすパニックを描いた同作には、ウィルスに感染して正気を失った登場人物のひとりが、リン・ローリイ演じる自分の娘とセックスしようとするシーンがある。『シーバース』は、このエピソードからイメージを広げたのではなかろうか。クローネンバーグが『シーバース』のヒロイン役にロウリーを起用したのは、ロメロに敬意を表してのことだろう。

ロメロは感染者の殺し合いを描いたが、クローネンバーグは無差別なセックスの狂乱を描く。寄生虫の蔓延により高層マンションは巨大な乱行パーティ会場と化し、近親相姦、ＳＭ、レイプなどを含めた、あらゆる性行為がそこかしこで繰り広げられる。一切のタブーがない性的解放だ。

おそらくマンションの住民たちは、そうした性的願望を当初から宿していたに違いない。映画の前半では、一部の住民たちが性欲に悩まされる姿が描かれている。不倫、セクハラ、恋愛感情もそのうちに含まれるだろう。寄生虫は彼らに感染し、理性による抑制を取っ払うのだ。

クローネンバーグは、寄生虫の視点から見れば本作はハッピーエンドだと繰り返し語っている。感染者にとってもそれは同じだ。もはや彼らは善と悪、個人と集団、性と死といった概念に縛られることなく、衝動に従って無軌道なセックスに邁進する。

バーバラ・スティール演じる独身女性は、『エルム街の悪夢』（84）を先取りしたようなバスタブのシーンで寄生虫に感染後、割れたグラスを素足で踏んづけてもまったく動じない。セックスしまくるという崇高な目的があるからだ。リン・ローリイ演じる看護師は、「話すことも、呼吸することも、死すらもエロティック」と究極の真理を悟ったかのように呟く。寄生虫の感染者たちは不幸な顔をしていない（物欲しそうな顔はしている）。恐怖に怯えているのは、従来の道徳、価値観に縛られている非感染者だけである。

75年に公開された本作は、カナダの全国誌『Saturday Night』にて「今まで見た中で最も嫌悪感を抱かせる映画」と酷評された。また、製作費の一部を国務省管轄下のカナダ映画開発公社（CFDF）の補助金に頼っていたこともあり、議会でその芸術的価値と社会的影響が議論されるほどの物議を醸した。

その一方、制作費17万9000カナダドルながら、国内における興行収入100万カナダドルを記録。40カ国以上で劇場公開されて500万ドルを稼ぎ、カナダ映画としては史上最高となる興行収入を叩き出した。

Shivers（75）
監督・脚本　デヴィッド・クローネンバーグ
製作　アイヴァン・ライトマン
製作総指揮　ジョン・ダニング、アンドレ・リンク
アルフレッド・パリサー
撮影　ロバート・サード
編集　パトリック・ドッド
音楽　アイヴァン・ライトマン
出演　ポール・ハンプトン、ジョー・シルヴァー、リン・ローリイ
アラン・ミジコフスキー

たしかなインパクトを残した日本初上陸作
『ラビッド』

山崎圭司

冬枯れた田舎道に一台のバイク。その傍らにはしなやかな身体をレザースーツに包んだ美しい女の後ろ姿。風に揺れる長い髪。思わず無言で見惚れる恋人の男。清純派モデルからポルノ女優に転身したマリリン・チェンバースをヒロインに、弾けるようなセンシャルを画面に匂わせて、本作『ラビッド』は幕を開ける。

愛車を駆り、タンデムで突っ走る2人。彼らが向かう先には、道を塞ぐように停めた車の中で口論する家族連れ。バイクは成す術もなく宙を舞い、草むらに投げされた美女は馬乗りになったマシンが吐き出す炎で無残にも体を焼かれる。

クローネンバーグは筋金入りのバイク狂で、当時は離婚寸前の妻との不和に苦しみ、恋人だったキャロライン・ジフマン（後の再婚相手）の協力を得て本作の脚本を書いた。『ラビッド』の不幸な導入部を、作者の私生活に重ねるのは深読みが過ぎるにしても、この時の状況が『ザ・ブルード／怒りのメタファー』の「恐るべき妻」の姿に直結しているのだから、あながち間違ってもいないだろう。

事故現場付近のケロイド（！）美容形成外科に担ぎ込まれ、特殊手術を受けて吸血鬼と化す美しきヒロインの名はローズ（棘のある薔薇）、恋人がハート（牡鹿の意味、演じるフランク・ムーアの穏やかな目はちょっと鹿に似ている）というのは出来すぎな気もするが、当初は「蚊」と題した脚本を執筆中、クローネンバーグ自身も全てが突然バカバカしく思えて創作意欲を失いかけたのだという。

手術を受けたローズの腋の下には肛門のような開口部が生じ、そこから陰茎状の長い口吻が伸びて人間の血を吸う。パロディでもお笑いでもない、新しい吸血鬼像を目指して誕生した主人公ではあるが——やはり、どう考えてもナンセンスの極みだ！と取り乱すクローネンバーグに対し、製作陣は「奇抜ではあるが、それなりに深いリアリティがある！」と必死で説得。何とかシナリオを完成させた。

しかし、一見、荒唐無稽なこの吸血鬼には、生化学者を夢見たクローネンバーグなりの理論があった。ローズの患部に「幹細胞」、つまり失われた細胞を補充すべくあらゆる細胞に変化する万能組織を移植すれば、劇的な回復が見込めるのではないか。しかし、事故で内臓に深刻なダメージを負った彼女は固形物を消化できず、奇跡の「幹細胞」は予期せぬ突然変異を起こして、血を栄養源にする「新たな機能」を彼女の肉体に与えてしまう。その結果、ローズは飢えを満たすために本能的に人間を捕食するアウトサイダーとなるのだ。

従来の吸血鬼映画と同様、血を吸われた者はゾンビの如き吸血魔に変身。舞台であるカナダの大都市モントリオールを阿鼻叫喚のラビッド（狂犬病）パニックに陥れる。白い防疫服の人影が街を走り回る光景は『カサンドラ・クロス』(76)や『ザ・クレイジーズ／細菌兵器の恐怖』(73)、ショッピングモールで展開する惨劇は『悪魔の狂暴パニック』（77）と、同時代の恐怖映画との類似点も多い。

だが、クローネンバーグによれば、カオスを迎える後半戦の着想源は1970年10月に発生した「オクトーバー・クライシス」だという。カナダの左翼テロ組織、ケベック解放戦線が要人を拉致、政府が戦時措置法を発動した事件だ。政治不安を背景にした戒厳令の夜が、これまた社会風刺を根底に敷く傑作『ゾンビ』（78）の終末感とも自然と重なるのが面白い。

一方、奔放な血の狩人となったローズは、ドラキュラの従者から解放された現代の女吸血鬼として夜を彷徨う。その姿は『SF SEX／異星人のえじき』（76）や『アンダー・ザ・スキン 種の捕食』（13）のヒロインたちにも通じるが、ローズは自責の念に揺れる弱さを残すだけセンシティヴな存在だ。

「私は変化した――」。動かし難い残酷な事実は愛情で応じられる容量を超え、恋人は反射的にローズを強く拒絶する。その態度に傷つき、夜の闇に消えたローズは、ラビッド病の保菌者ではないことを証明すべく、捨て身の賭けに出て悲劇を手繰り寄せる。断末魔に彩られたクライマックスは恋人たちをつなぐ電話を通して描かれるが、本来ならドラマ性に欠ける敬遠すべき演出を敢えて選んだ理由をクローネンバーグは「埋められぬ距離を感じられるし、耳という器官のすぐそばで声が囁くから」と、告白する。なかなかロマンティックな人だ。

さて、『ラビッド』は記念すべきクローネンバーグの日本初上陸作となった。1978年6月公開、配給は松竹＝富士。「全米で『サスペリア』を凌いで驚異の大ヒット！」「感染者は射殺されゴミのように捨てられる――」と物騒な惹句を掲げ、都内では洋ピン小屋でもあった新宿地球座や銀座ロキシーで封切り。決して恵まれた公開環境ではなかったが、キネマ旬報1978年4月下旬号では『ラビッド』特集を展開。大林宣彦監督が「おかしな映画」だが「実は、志が高い映画」と激オシ。一方、映画評論家の双葉十三郎はスクリーン誌の連載「ぼくの採点表」で「怪しげなシャシン」「演出も安手でうすら寒く、いただけない出来ばえ」と50点をつけた。ともあれ、クローネンバーグの名前は「変な映画を作る新鋭」として映画好きの脳裏に深く深く、刻まれることになった。

Rabid（77）
監督・脚本　デヴィッド・クローネンバーグ
製作　ジョン・ダニング
製作総指揮　アイヴァン・ライトマン、アンドレ・リンク
撮影　ルネ・ヴェルジェル
編集　ジーン・ラフルール
音楽　アイヴァン・ライトマン
出演　マリリン・チェンバース、フランク・ムーア、ジョー・シルヴァー
パトリシア・ゲイジ

「本物のB級映画」に徹したキャリアの特異点

『ファイヤーボール』

山崎圭司

直線コースをフルスピード走破し、タイムを競うモータースポーツ「ドラッグレース」の花形レーサー、ロニー（ウィリアム・スミス）は、自らのチーム〝ファスト・カンパニー〟を率いて各地のサーキットを巡る人生を送って来た。だが、そろそろ現役引退を考える年齢を迎えたうえ、運悪く新しいマシンがデビュー戦で爆発炎上。悪徳スポンサーのフィル（ジョン・サクソン）と対立し、窮地に立たされる。ロニーは仲間たちと再起を図るが、復活を賭けたレースには恐るべき罠が仕掛けられていた。

本作はカナダの映画税控除制度を受けて製作され、監督には前作『ラビッド』の成功を認められ、クローネンバーグに白羽の矢が立った。その時点で既に脚本は完成済み。クローネンバーグにとってはギャラで家族を養い、プロとして経験を積む為の雇われ仕事にすぎず、正直「最も思い入れのない映画（本人談）」ではあった。

しかし、『ラビッド』で英国の老舗ブランド、ノートンのバイクを愛着タップリに登場させたクローネンバーグは当然、車にも造詣が深く、ドライバーとしてレースに出場した経験もある本格派。レースには熱烈な親近感があり、馴染み深い世界にカメラを向け、『ラビッド』の倍額に当たる120万ドルの予算でハリウッド俳優を使い、「本物のB級映画を作る」チャンスは魅力的だった。

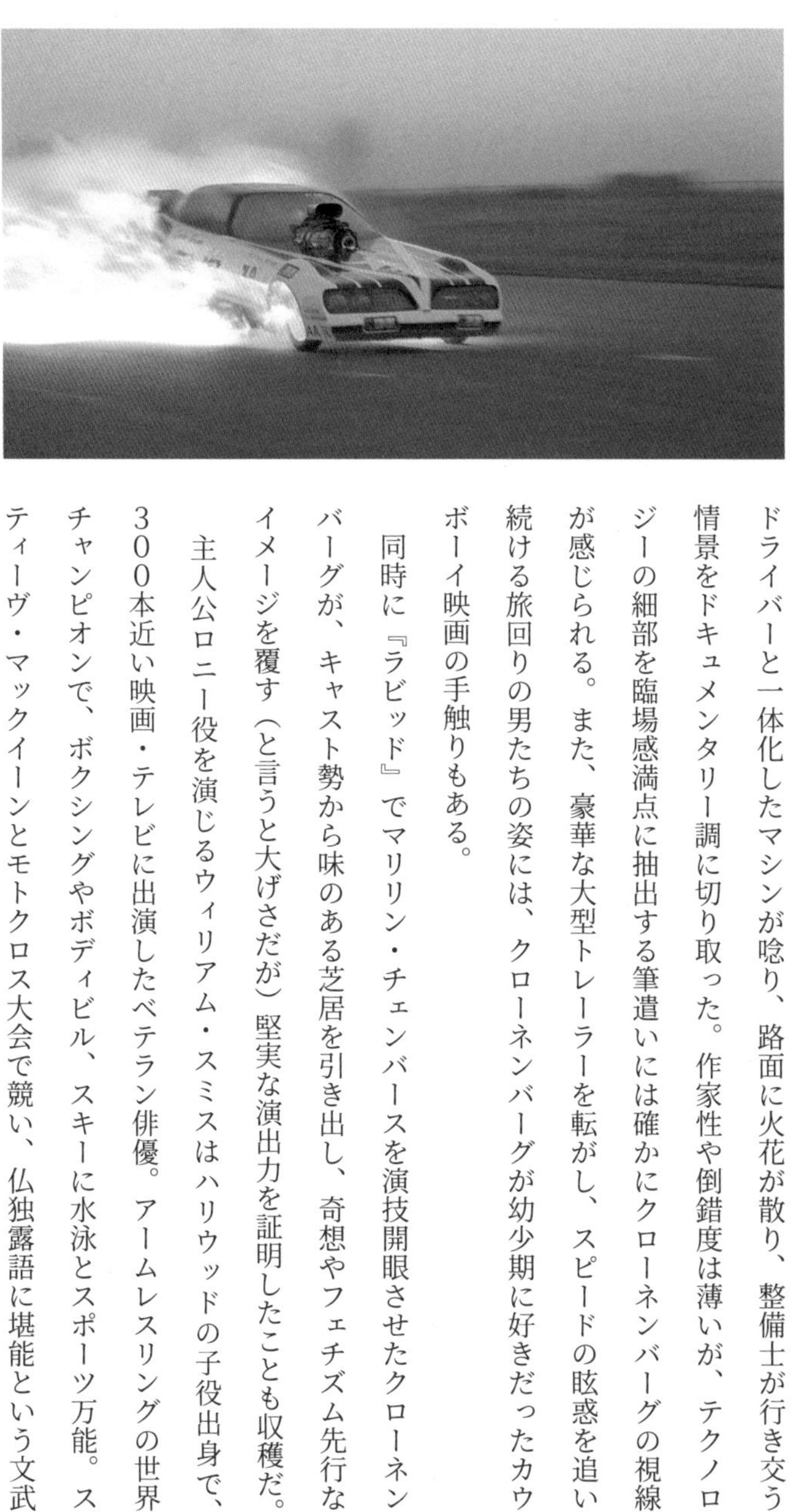

クローネンバーグはまず、脚本を再検討してレース場の緊迫した空気を加筆。ドライバーと一体化したマシンが唸り、路面に火花が散り、整備士が行き交う情景をドキュメンタリー調に切り取った。作家性や倒錯度は薄いが、テクノロジーの細部を臨場感満点に抽出する筆遣いには確かにクローネンバーグの視線が感じられる。また、豪華な大型トレーラーを転がし、スピードの眩惑を追い続ける旅回りの男たちの姿には、クローネンバーグが幼少期に好きだったカウボーイ映画の手触りもある。

同時に『ラビッド』でマリリン・チェンバースを演技開眼させたクローネンバーグが、キャスト勢から味のある芝居を引き出し、奇想やフェチズム先行なイメージを覆す（と言うと大げさだが）堅実な演出力を証明したことも収穫だ。

主人公ロニー役を演じるウィリアム・スミスはハリウッドの子役出身で、300本近い映画・テレビに出演したベテラン俳優。アームレスリングの世界チャンピオンで、ボクシングやボディビル、スキーに水泳とスポーツ万能。スティーヴ・マックイーンとモトクロス大会で競い、仏独露語に堪能という文武両道のスーパーマンだ（顔は地味だけど）。『燃えよドラゴン』（73）ではブルース・リーから直々に、準主役の武術家ローパー役に指名された逸話も。彼の代わりにその役を演じたジョン・サクソンがここでは憎まれ役に徹し、壮絶な爆死を遂げるのも見もの。

ロニーの愛弟子で血気盛んな若手レーサー役を演じ、後に『デッドゾーン』でハサミ殺人鬼に扮したニコラス・キャンベルは脚本執筆にも参加（本編クレジットなし）。「この映画は人里離れた場所にロケしたので、僕らはみんな、自然と友達になった」と回想。クローネンバーグについて「俳優とも相性が良く、質問に真剣に耳を傾け、正しい答えをくれる監督だ」と評している。

もうひとり、キャストで注目したいのが、ロニーの恋人役を演じた元プレイメイトのクローディア・ジェニングス。彼女は映画公開後にハイウェイで愛車を運転中、対向車のピックアップトラックと正面衝突、わずか29歳で急逝。これが遺作となった。人気ドラマ『チャーリーズ・エンジェル』の5人目のエンジェル候補であり、ロバート・ゼメキス監督の『ユーズド・カー』（80）に出演する予定もあり、本作でも出番は少ないがセクシーな存在感を発揮していただけに本当に残念だ。

本作ではクローネンバーグが「自作の礎を作った」と認める常連スタッフとの出会いもあった。撮影を務めたマーク・アーウィン、編集のロナルド・サンダース、美術のキャロル・スピアらは、『スキャナーズ』や『ビデオドローム』、『ザ・フライ』などの代表作に協力。荒削りでアングラな初期作に比べ、徐々に磨きのかかるクローネンバーグ・タッチの原点をここに探るのも面白い。音楽&挿入歌を自作自演したフレッド・モーリンも、クローネンバーグが演出で参加したTVシリーズ『13日の金曜日』（88）を担当している。

カナダでは好評を得た本作だが、米国公開は失敗。配給元のトパー・フィルムズは、写真家デヴィッド・ハミルトンの官能作『ビリティス』（77）やスペインの超人喜劇『スーパーソニックマン』（79）を手がけた会社だが、運悪く映画の公開時に倒産。広く評価を得る機会を失う原因となった。

さて、『ザ・フライ』が世界的ヒットを飛ばした86年、クローネンバーグはパラマウントの依頼でF1映画『レッド・カーズ（Red Cars）』の企画に取り組んでいた。1961年のル・マン24時間レースを舞台に、フェラーリの名ドライバーだったフィル・ヒル（米人初のF1世界チャンピオン）と、チームメイトのヴォルフガング・フォン・トリップスのライバル関係を描くドラマだが、F1側との交渉がまとまらず頓挫した。クローネンバーグは2005年に同作の脚本を中心に資料をまとめた限定本を出版。もしも『レッド・カーズ』の映画化が実現すれば――クローネンバーグのキャリアにおける「特異点」で「興味深い骨董品」と評される『ファイヤーボール』の真価が問われる機会がくるかもしれない。

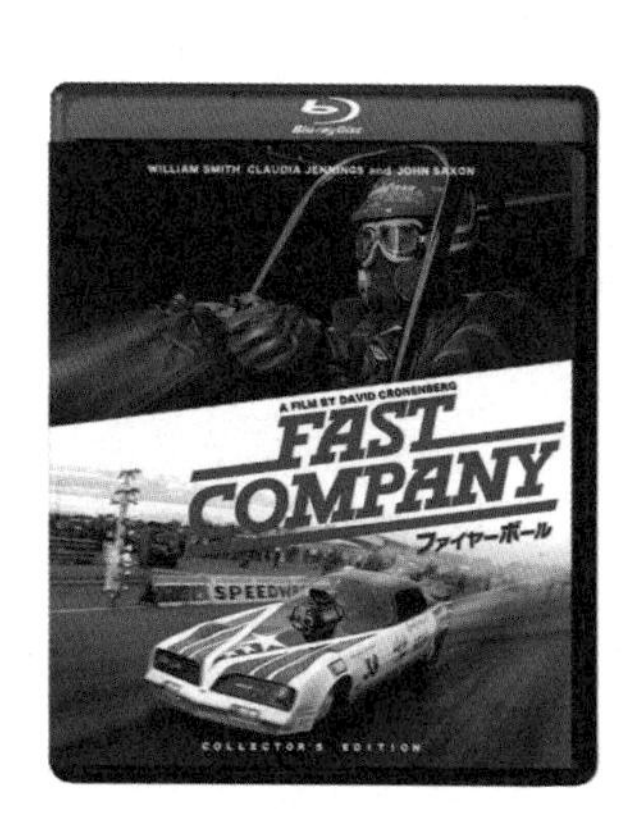

Fast Company（79）
監督　デヴィッド・クローネンバーグ
製作　ピーター・オブライアン
原作　アラン・トリーン
脚本　フィル・サヴァス、コートニー・スミス
　　　デヴィッド・クローネンバーグ
撮影　マーク・アーウィン
音楽　フレッド・モーリン
出演　ウィリアム・スミス、クローディア・ジェニングス
　　　ジョン・サクソン

ファイヤーボール コレクターズ・エディション Blu-ray
6,380円（税込）
発売元：是空／TCエンタテインメント
販売元：TCエンタテインメント

離婚経験から生まれた怒りの怪物

『ザ・ブルード 怒りのメタファー』

上條葉月

『ザ・ブルード 怒りのメタファー』(79)はクローネンバーグにとって出世作と言える作品だろう。本作の後、彼は同じプロデューサーのピエール・デヴィッドと共に、代表作『スキャナーズ』(81)『ビデオドローム』(82)を立て続けに制作する。本作はこれらに先駆けて作られたボディ・ホラーものとして知られる。

自身の離婚、そして娘の親権争いを経た後に作られた本作は、文字通り破綻した夫婦関係の裂け目から怒りの怪物が生み出されるという物語。ストーリーは至ってミニマルだ。それ以前に撮られた『シーバース』や『ラビッド』が感染症の拡大による社会(前者は高級住宅という閉ざされた空間ではあるが)のパニックを描いたのに対し、本作はある1つの家族をめぐる出来事に絞って完結する。他の患者たちのことや社会的影響への言及等の広がりがバッサリ省かれているだけでなく、怪物を生み出す原因は祖母と母、母と娘の関係の中で生み出されたものとして描かれ、それが継承されていく。

精神科医ルグランの施設に入院しているノーラは怒りと共に自らの身体から人体を模した怪物を産み落としていくが、その契機自体もまた、家族に向けられた怒りだ。自らを虐待した母、守ってくれなかった父、夫を奪おうとする(ように思える）女、愛してくれない夫、そして手に入らない娘へ向けられた怒り。これらへの怒りのメタファーである怪物たちは、ノーラに代わって彼らを攻撃していく。

憎しみや悪、怒りといった感情が暴走して本来の性格から切り離された別人格を持つという物語といえば、『ジキル博士とハイド氏』もその一種かもしれないし、水をかけると凶暴化する『グレムリン』（84）もその一種と言えるかもしれない。こうした物語を描く上では、善と悪の二面性が明確な方が描きやすいだろう。しかし本作では未知の要素で暴走する以前に、ノーラ自身にも元来精神的な問題があって研究所に隔離された存在である。明確にされないものの、冒頭から夫が娘への暴行を疑うような人物であることや、仄めかされる母親との確執からも推測されるように、何かしらの不安定な要素を抱えた人物だろうということが示唆される。

だからこそ、本作では博士が用いている治療法「サイコプラズミクス」への具体的な言及は少ない。冒頭、博士が患者の一人と父‐息子の対話を演じる公開治療である程度説明がなされるが、いったいこの治療がどこまで患者の精神にしているのかはほとんど観客には明かされない。結局本作が描こうとしているのは完治あるいは修復不可能な家族関係とその継承がもたらす不幸でしかなく、博士も治療法も物語上はきっかけに過ぎないのだ。感染症を描いた過去2作品のように変化をもたらすきっかけを純粋な外的要因＝治療というわかりやすい設定に落としこんだり、それに起因する個人では不可避な変容という単純明快なホラーとしなかった経緯には、クローネンバーグ自身の妻への複雑な感情があるからなのだろうか。

本作の怒りの怪物たちの独特さは、彼らが文字通りノーラから〝産み落とされた〟子供の形をした何かである一方で、彼女自身の分身でもあるという点にある。臍の緒がないことからもわかるとおり、子供のようなサイズの人間の形をしているからといって彼らは彼女の子供ではない。あくまで彼女の怒りを具体化した何かである。だがその一方で、彼女自身の意識と切り離された形でのみ怒りに連動して暴走する彼らは純粋に彼女自身の一部であるともいえない。彼らのしていることを彼女は把握していないのだから。怒りという状態は究極的には常にそういうものかもしれない。自身の感情や言動をコントロールできないような負のエネルギーの爆発こそが怒りだとすれば、純粋な怒りの表象が個人と切り離された何かの暴走へと至るのも必然だ。

生み出された怪物はあくまで腫瘍のように彼女の体の表面で成長してゆき、そしてダメ押しのきっかけで毒あるいは膿を排出するように本体から吐き出される。終盤にノーラが新たな怪物を生成するシーンでは、その生成（あるいは誕生）が後のクローネンバーグが得意としていく生々しい肉体を生かしたホラー描写で捉えられている。人間の理解を超えた何かが人間の体や感情から生み出されていく怖さ。本来人間の内側にあるべきはずのもの・感情を、恐怖を生み出す異質な存在として目に見える形で表象することこそが、クローネンバーグの〝ボディ・ホラー〟であるのだろう。

本作における臍の緒のない怪物たちは母性が生み出す狂気のメタファーなのだろうか。だがノーラがどんなに不安定な母親であれ、キャンディスという娘を産んでいるのもまた事実だ。キャンディスと怪物たちとの差異は、一人の女性（の母性）が抑圧や精神的苦痛という外的要因によって狂わされてしまうという事実をも描いていると言えるだろう。彼女は本来悪魔の生みの親ではなく、単なる一人の娘の母親であったのである。そしてそのキャンディスも、幼い子供ながらに一人の女性として既に大きな傷を抱えながら生きていくことが示唆される。最終的に娘にも傷を残すという後味の悪さからして、妻との離婚がクローネンバーグにとってよほど苦しい経験だったことはおそらく間違いない。だが彼自身の意図はさておくとしても、本作は結果的に単にイカれた母親の恐ろしさを描いた作品には決してなっていない。むしろ母娘の分かり合えなさの中で、あるいは社会的な環境や家父長制の中で、女性が受けうる抑圧の重さをあぶり出した作品であるようにも見えるのだ。

The Brood（79）
監督　デヴィッド・クローネンバーグ
製作　クロード・エロー、ピエール・デヴィッド
脚本　デヴィッド・クローネンバーグ
撮影　マーク・アーウィン
音楽　ハワード・ショア
出演　オリヴァー・リード、サマンサ・エッガー、アート・ヒンドル、シンディ・ハインズ

ザ・ブルード／怒りのメタファー 2K レストア特別版 Blu-ray
6,380 円（税込）
発売元：是空 /TC エンタテインメント
販売元：TC エンタテインメント

偶像破壊としての頭部破壊――人間の頭をぐちゃぐちゃにすることはなぜかくも気持ち良いのか？

『スキャナーズ』

後藤護

「普通のアクションとは違った恐ろしさなんです。例えばです。スキャナーズ同士が並んでおります。そしてお互いの相手の脳の中をずーっと探っていくわけですね。負けた方の脳髄が一瞬でバーンと爆発するわけですよ」。

某動画サイトにころがっていた水野晴郎の『スキャナーズ』解説である。念力による頭部破壊シーンを熱い口吻で語る水野翁を見るにつけ、やはりこのショッキング・シーンが『スキャナーズ』を決定づけたのだと言わざるをえない。とはいえ多くの人によって語られた名シーンながら、具体的にどのように撮影されたかはあまり知られていない気がするのでまずは詳らかにしてみたい。

頭部爆破シーンは『ザ・フライ』や『裸のランチ』でもクローネンバーグと仕事をした、特殊メイク・アーティストのクリス・ウェイラスによって作られた（特殊メイク界の権威ディック・スミスもクレジットされているが「相談役」の域を出なかったらしい）。ウェイラスと共にこのシーンの立役者となったステファン・デュピュイが試行錯誤のさまを伝えている。「頭が爆薬で吹き飛ばされるとき、大量の煙も出てしまうんだ。それは人間の頭というよりデス・

スターが爆破されたように見えた」。また、石膏像を爆破したら血はうまく飛び散ったものの「単に石膏像が爆発してる」ようにしか見えなかったらしく人形製作は難航した。しかし最終的な解決策が見つかる。頭を破壊される俳優の頭部型取り(ライフキャスト)を石膏でして、その型をゼラチンで固めたのだ。そして大量のコーンシロップ製の血液やラテックスの切れ端、ハンバーガーの食べ残しなど色々ぶちこんで、最後は蠟で封じたという。

しかしここまでやっても爆破シーンをうまく撮影できなかった。撮影監督のマーク・アーウィンは二〇一四年の短編ドキュメンタリー『スキャナーズ・ウェイ』で、「火工術(パイロテクニクス)の問題は、爆薬が何かを吹き飛ばす際に火花を見せてしまうことだ」と述べている。つまり「超能力で頭を爆発させてる」っぽく見えるためには火花を見せないということが重要で、そのため爆薬ではダメということになった。そこで最後の手段とばかりに、ショットガンにコーシャーソル

ト（自然塩の一種）を弾丸がわりに詰めて、机の下からぶっ放した。そうして撮れたのが、皆さんが今『スキャナーズ』で見れるあの伝説のシーンになった。

ところで人間の頭が叩き割られたスイカのように弾け飛ぶこのシーンが、なぜかくも気持ち良いのか？——新潟県民に聞くしかない。というのも新潟県で刊行されている同人誌『北方文学81号』（２０２０年６月）に、いかにも文芸同人っぽい泉鏡花論とかがお行儀よく並ぶ中、岡島航「偶像破壊者（アイコノクラスト）スーパースター」という奇書ならぬ「奇論」が掲載されていて、アリ・アスター作品の恐怖の本質を「顔面破壊」に求めていて多分にヒントを含んでいるからだ。『ミッドサマー』（09）のみならず『ドライヴ』（11）や『アレックス』（02）でも、頭はぐちゃぐちゃにされ、顔は身元確認できないほどに叩きつぶされる。顔に注目した哲学者レヴィナスによれば、顔とは殺すことができないもので「汝、殺すなかれ」というメッセージを発しているという。つまり人は人を顔で認識し、顔こそがその人を表象する。考えても見てほしい。ＳＮＳの「フェイス」ブックは基本的にその人の顔をアイコンとしているし、家族写真でも卒業写真でもなんでもよいがいくら恨んでいても顔を削り取ることはどこかためらわれる。

だからこそ、敢えて顔を認証不可能なほどぐちゃぐちゃにすることで否定のメッセージは強烈になる。岡島論攷によれば、「顔面が破壊されるということは、それが人であるという記号を奪われるということにほかならない。……およそ人間的なメッセージは読み取れないただの物体と成り果てる」。すなわち顔という殺してはいけないものを殺すことで、人間は人非人（ポストヒューマン）になるのである。岡島は記述していないが、ゲーテの親友ラファーターは、森羅万象には神の「署名」（ヤコブ・ベーメ）がなされているという観点から、人間の顔もまた一つのヒエログリフであり、その謎めいた記号を読み取ることで造物主のお許らいさえ読み取ることができる、という神秘主義的観相学のようなものを創始した。顔はユダヤ・キリスト教伝統において聖なるものなのだと分かるだろう。

『スキャナーズ』が頭部破壊シーンで参照したと噂されるブライアン・デ・パルマの超能力映画『フューリー』(78)では、ジョン・カサヴェテスがサイキックパワーで木端微塵に爆破されるが、顔(頭)だけは無傷であった。ゆえに無神論者を自認するクローネンバーグは、敢えてその頭のみをぐちゃぐちゃにすることで最大の瀆聖を行ったことになる。頭を木端微塵にしたのがコーシャーソルトを詰めたショットガンであることは先述した。この「コーシャー」なる語が、「ラビに認められた食べ物、ユダヤ法によって定められた食戒律」を意味することを知ると、瀆聖の味も深まろうというものだ。

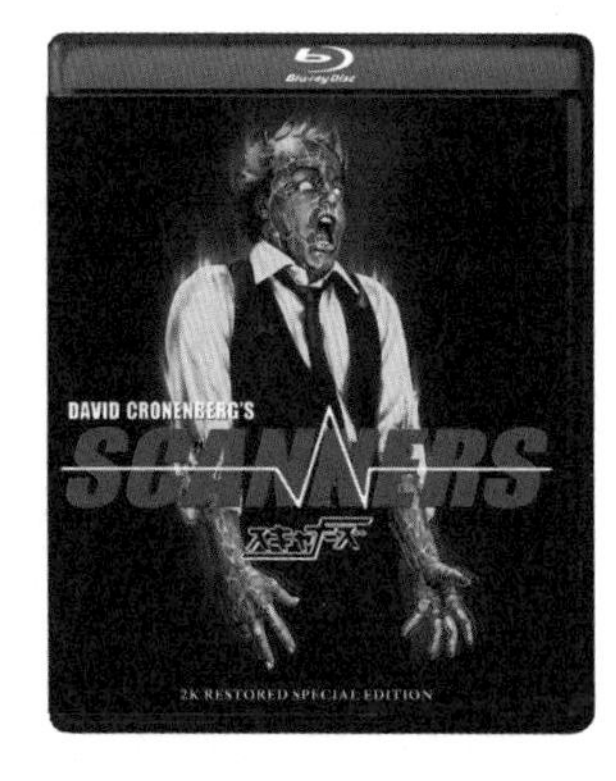

Scanners(81)
監督・脚本　デヴィッド・クローネンバーグ
製作　クロード・エロー
製作総指揮　ピエール・デヴィッド、ヴィクター・ソルニッキ
撮影　ロドニー・ギボンズ
音楽　ハワード・ショア
出演　スティーヴン・ラック、ジェニファー・オニール、
マイケル・アイアンサイド、パトリック・マクグーハン

スキャナーズ 2K レストア特別版 Blu-ray
6,380円(税込)
発売元:是空/TC エンタテインメント
販売元:TC エンタテインメント

マクルーハンの見た悪夢
『ビデオドローム』

後藤護

『ビデオドローム』はマーシャル・マクルーハンの見た悪夢ではなかろうか？「ポップカルチャーの大司祭」マクルーハンの提唱したオプティミスティックな電子メディア論は、スティーヴ・バロンが監督したダイアー・ストレイツ「マネー・フォー・ナッシング」の有名なミュージックビデオ（ＭＶ）に最も的確に表現されている。冒頭、肘掛け椅子に座ってＭＴＶを見ていたカクカク３Ｄポリゴン野郎が、見ているうちに徐々に没頭、テレビの中に頭から吸い込まれていくのだから。同じくバロンが監督したＭＶにａ－ｈａの「テイク・オン・ミー」があるが、ここでもマンガの二次元世界に現実の三次元少女を引き連れていく。いわゆる「クールなメディア」であるテレビやマンガは参与性が高く、見る者に全感覚的な没入を要するのだから、メディアに文字通り吸い込まれるこの2つのＭＶはマクルーハン思想のまったき映像化といって差し支えない気がする。

しかし、クローネンバーグが通ったトロント大学で教鞭を執っていたマクルーハン大先生の思想に依拠し、彼をモデルにしたブライアン・オブリビオンなる人物さえ登場する本作は、右の二つのＭＶとは似ても似つかないほど悪夢的ヴィジョンを電子メディアに過充電しており、この歪みがクローネンバーグの作家性を考える上で最大のミソであ

ろう（「メディアはマッサージである」とマクルーハンは言ったが、本作では主人公マックスが腹にできたヴァギナ状の裂け目に手を突っ込んで「メディアは内臓マッサージである」を自ら実演する）。
『グーテンベルクの銀河系』よりも『メディア論』に重きを置いた本作であるから見えづらくなっているが、マクルーハンが最大のメディア革命だと考えていたのはテレビではなく活版印刷の発明すなわち「活字人間」の誕生である。文字はすでにあったけど中世までは吟遊詩人その他による「音読」文化は保持されていた。しかし活版印刷の誕生によっていよいよ本として持ち運べるようになり、個室文化の誕生も相まって「黙読」が始まり人間の個人化及び「内面」が初めて生じた（スキゾフレニアなど精神疾患もすべて活字のせいだとマクルーハンは言った！）。中世の部族社会にまであった聴覚的・触覚的な幼児

的ユートピアは、活字と黙読によって破壊された、というのが『グーテンベルクの銀河系』が概ね言おうとしたことで、この失われた中世の触覚的・聴覚的世界像が電子メディアによって復活し、世界はふたたびネットワークで一つになりデジタル部族たちのグローバル・ヴィレッジが誕生する、というのがマクルーハン先生の見た気宇壮大な「夢」である。

というわけでマクルーハニズムにおいては触覚が大事なのであり（「マッサージ」とはそういうこと）、この映画で最もアイコニックな「息をするテレビ」もまた触覚的になるのだ。デボラ・ハリー演じるニッキーの唇が大映しになり、画面は柔らかい乳房のように膨れ上がり、マックスはそれを撫でまわしながら幼児退行したように首をうずめる。ハワード・ショアのトリップ感たっぷりなドローン風スコアも相まって中世における触覚と聴覚の融合したユートピア世界の復活！……とはまったく見えない悪夢ぶりである。

どうもこの悪夢感の正体は、ビデオドロームの映像が発するシグナルによって脳に生じる腫瘍が原因で、これがマックスにバッドトリップ的幻覚を見させ、オブリビオンもまたこの腫瘍によって死んだ。オブリビオン（というかマクルーハン）と、彼を死に追いやった黒幕バリー・コンヴェックス一派の戦いは「中世対ルネサンス」の構造であるこ

とを指摘したのは町山智浩『ブレードランナーの未来世紀』第一章の卓見である。眼鏡屋を営むバリーが、映画最後で新作発表会をやっていてそのコンセプトが「ルネサンス」になっているのは、「中世」を聴覚的・触覚的世界像として理想化したマクルーハンとの対立軸を浮き彫りにするためだという（マクルーハンは中世の英文学を専門としていたのもある）。

中世〈対〉ルネサンスの構造を持ちつつも、結果として全体を眺めると『ヴィデオドローム』は中世〈プラス〉ルネサンスであるマニエリスム表現の百花繚乱となっていることに気づく。「夜のルネサンス」と呼ばれた、あのマニエリスムである。テレビが喘ぎ声を出しはじめ、お腹にヴァギナができる、こうした性的メタファーの濫用をフロイトなら「多型倒錯」と、マニエリストのG・R・ホッケなら「汎性愛主義」と呼んだであろう。男も女も、有機物も無機物も、すべてがエロティックに融合し、その結果生まれたキマイラたちが無秩序に陳列された「性の妖異博物館」（ホッケ）。人間とかそうでないとかいった差異をとことんまで消滅させたクローネンバーグのエロティックに脈動する有機的宇宙は、男も女も石ころも人形も性的オブジェとして同一タブローにラディカルに並置してみせた「元祖ポストヒューマン」澁澤龍彦の無機的宇宙のニルヴァーナ原則と、じつは同じコインの裏表であるかもしれない。

Videodrome（83）
監督・脚本　デヴィッド・クローネンバーグ
製作　クロード・エロー
製作総指揮　ピエール・デヴィッド、ヴィクター・ソルニッキ
撮影　マーク・アーウィン
音楽　ハワード・ショア
出演　ジェームズ・ウッズ、デボラ・ハリー、ソーニャ・スミッツ
　　　レイ・カールソン

『テアトルクラシックス ACT.3 ビデオドローム 4K ディレクターズカット版』
絶賛上映中！

「スティーヴン・キング原作映画」選手権の上位にランクし続ける傑作メロドラマ『デッドゾーン』

てらさわホーク

スティーヴン・キング原作映画のトップは何か。そんな議論が40年以上前から、世界中で交わされている。いまはずいぶん選択肢も増え、なおかつ玉石混交の比率で言っても玉のほうがかなり上回るようになった。どちらかといえば「石」が結構多めであった時代から今日に至るまで、83年の『デッドゾーン』がキング原作映画選手権の上位に位置し続けていることは間違いないだろう。

主人公の高校教師ジョニー・スミスは自動車事故で重症を負い、5年間を昏睡状態で過ごす。目覚めてみれば仕事はなく、婚約者は別の男と結婚して息子をもうけている。打ちひしがれるジョニーには不思議な能力が芽生えていた。他人の手を握ると、その人物の過去や現在、あるいは未来のヴィジョンが見える。担当の看護師の家が燃える様子を幻視して、取り残された小さな娘の生命を救う。連続殺人鬼の犠牲者女性の手をとり、彼女を手にかけた男の顔を目撃する。そしてジョニーはいずれ世界を滅ぼすことになる、ある政治家の男に出会う。

日本語版上下巻（新潮文庫刊）計758ページにおよぶ長い長い原作は、主人公ジョニーと彼を取りまく人びと、あるいは状況に関する膨大な描き込みによってでき上がっている。脚本家ジェフリー・ボームと監督クローネンバーグは103分のタイトな映画にまとめ上げた。かといって電話帳のように分厚い原作小説のダイジェストではなく、その最も大切な部分を抽出して煮詰めたような、これは実に胸に迫る映画化であった。

5年の昏睡から目覚めた途端、かつての恋人サラがいまでは人妻になったと知り、病床でしくしく泣くジョニー。と、後日サラが小さな息子を連れてジョニーの家を訪ねてくる。赤ん坊が寝ている間に、ふたりは愛を交わす。情事のあと、彼らふたりは赤ん坊と、それにジョニーの老父と夕食を囲む。ありえたかもしれない幸せな食卓。赤ん坊を見て笑うジョニー。『ディア・ハンター』（78）の昔から、クリストファー・ウォーケンの笑顔を見ると観客はいつでも泣いてしまう。ともあれそんな束の間の、まぼろしのような幸福のあと、サラは夫の待つ家に帰っていく。また会えるだろうか、と聞くジョニー。今日みたいな形でなければ、とサラは答える。要するに彼女は5年間の昏睡状態の間に、自分を含むすべてを失ったジョニーを憐れんだ。そして彼にも、また自分自身にもある種のけじめをつけようと、一度限りの情交を結びにやってきたのだ。それを悟ってジョニーは思わず微笑み、彼女を見送るしかない。このメロドラマはどうだろう。サラを演じたブルック・アダムスはいつでも困ったような顔をしている。テレンス・マリックの歴史的傑作『天国の日々』（78）でも、アダムズはふたりの男の間で困っていた。同作もまた、もの凄いメロドラマだった。

それからしばらく経ったある日、ジョニーはサラに再会する。今度は亭主と一緒である。どうやら後に大統領になり、世界に破滅をもたらす男（マーティン・シーン）の選挙運動に、夫婦揃って奔走している。後の大統領がしでかす凶状をジョニーはこの時点ではまだ知らない。男はかつての恋人が夫を伴ってふと現れた、その事実にまたしくしく泣くしかない。そして観客たるこちらも同じように泣く。それからいろいろあって主人公ジョニーは世界を、または自分が愛した女性を救うための行動に出る。そうした心の道程を、決して長くない映画は説得力をもって描き出す。

メイン州の寒々しい風景を捉えたいくつもの写真の上に少しずつ黒い影が現れ、それらがいずれ〝THE DEAD ZONE〟のロゴを形作っていく。主人公ジョニー・スミスの頭のなかの、どうにもコントロールできない暗闇＝デッドゾーンを表現するかのような、このオープニング・タイトルが本当に見事だ（これを作ったタイトル職人、R・グリーンバーグは後の『トータル・リコール』（90）など、記憶に残って消えない映画のオープニングを無数に手がけている）。ここから始まって終幕まで、『デッドゾーン』の魅力は枚挙に暇がない。だがもっとも観客の心を揺さぶるのは、ここまでに書いたような本作のメロドラマ性なのではないだろうか。

この頃のクローネンバーグといえば、人体が派手にブッ壊れる『スキャナーズ』や『ビデオドローム』で全世界の度肝を抜き、とてつもないホラーの俊英かつ鬼才というポジションをほしいままにしていた。そんな男が、またホラーの巨匠と謳われたスティーヴン・キングの原作を映画にするという。いったいどんなに恐ろしいものが見られるのか。当時そんな期待に思わず気が狂いそうになったことを覚えている。そんな作品をようやく観ることができたのは全米公開から4年後、おそらく87年のことだった。題して『クローネンバーグのデッド・ゾーン』。はやる心を抑えて再生したレンタルＶＨＳは、先に書いた通りの大人の物語を、どこまでもソリッドに伝えていた。そのことに多少なりとも困惑したが、それと同時に監督の、ジャンルを超えた確かな手腕を身にしみて感じたものだ。そのドラマ（ないしメロドラマ）を描き出す実力は『エム・バタフライ』や『イースタン・プロミス』といった非ホラー作品でいよいよ全開になるのだが、それはまたあとの話だ。

The Dead Zone（83）
監督　デヴィッド・クローネンバーグ
製作　デブラ・ヒル
製作総指揮　ディノ・デ・ラウレンティス
原作　スティーヴン・キング
脚本　ジェフリー・ボーム
音楽　マイケル・ケイメン
出演　クリストファー・ウォーケン、ブルック・アダムス
　　　マーティン・シーン

『ザ・フライ』が描いた本当の恐怖とは

てらさわホーク

『ザ・フライ』を観直すたびに驚くことがある。短いのである。上映時間96分。今日びはやけに長い映画が増えた。ホラーやアクションといったジャンル映画でさえも、2時間を超えてまだ終わらない作品によく出くわす。そこへ来て『ザ・フライ』の96分である。主要登場人物は3人。物語が展開するロケーションも約3つほどだ。かといってこの映画も、決して低予算で作られたというわけではない。作品はその製作費のほとんどを、後述する恐怖描写（特殊効果担当クリス・ウェイラスの見事すぎる仕事は

言うまでもない）に振り分けている。クローネンバーグの無駄のなさに、今さらながら舌を巻く。

人知れず、物質の電送技術を研究する男。テレポッドと名づけられた装置のセットはその送信側で対象物を原子の段階まで分解して転送、受信側で受け取ったデータを再構築することで、物体の瞬間移動を可能にしていた。いまや無機物の電送は難なく行えるものの、生物の分解／再構築には失敗し続けていた。ところが幾度かの実験を経て有機物の移動を成し遂げる。男はついに自分自身を実験台にして、さらにこれをも成功させた。ところが装置に混入していた一匹の蝿と、男は細胞レベルで融合してしまう。

そんな物語は、本作がリメイク元とした１９５８年の映画『ハエ男の恐怖』とそう大きく変わらない。何となれば主人公の死から始まり、時間を遡ってその真相を解き明かしていくミステリー仕立ての原典よりも、筋立て自体はシンプルだといえる。では一本道の時系列となった物語が何を伝えるかといえば、それは主人公の肉体が段階を追って変容していく恐怖そのものだ。一匹の蝿と融合した男はやけに軽い身体と怪力を手にするけれども、同時に人間を人間としているさまざまなものを失っていく。爪が抜け、髪の毛が抜ける。皮膚には嫌な吹き出物が現れ、見たことのない剛毛が何本も生えてくる。身体のあちこちから妙に白濁した汁状のものが分泌される。耳が崩れ落ち、歯もぼろぼろと抜ける。ということは食物の摂取方法さえ変わってくる。ものを噛んで食べ、胃で消化するという人間の営みは失われる。ここに至って体のあらゆる部位が醜く膨張、もはや服を着ることさえ諦めた裸の主人公はその口から白い消化液……といえば聞こえがいいが、有り体にいえば白いゲロを吐き、それでもって溶かした食物を吸い込む。あまりのことにもう見ていられなくなる。しかしこの後戻りのできない身体崩壊の過程こそ、『ハエ男の恐怖』のリメイクをわざわざクローネンバーグが手がけた最大の理由なのだろう。

個人的な話で恐縮だが、『ザ・フライ』を始めて観たのは87年1月、自分が13歳のときのことだった。日本版「スターログ」を熟読する真面目なジャンル映画ファンだったから、とんでもないＳＦＸホラーがやってくると聞いて、日比谷の劇場の初日に駆けつけたことを覚えている。上記の通りの物語、およびあらゆる場面に散りばめられた恐怖描写に震撼もした。が、いまから数えて36年前のあのときに、自分が本作の恐ろしさを本当に実感できていたか問われれば、それは疑わしい。

本作の恐怖は自分が齢50を迎えようとしている今日になって、まさに真に迫ってくる。たとえばふと鏡を見た瞬間に気づく、顔にできた変な染み。見ないふりをしていると、それが日に日に大きくなってくる。または何か硬いものを噛んだら歯が欠ける（それこそ呑気に映画など観ている間に、である。劇場の暗闇で、こちらは映画どころではなくなる）。ちょっと耳たぶを摘むと変な分泌物が出てくる。あるいは何となく生活をしていたら、急

に右肩がある角度以上に上がらなくなる。これらの肉体的な変容、もっと言えば肉体の劣化は、すべて一旦起こってしまったらもう二度と元には戻らないものだ。抜けてしまった歯は絶対に生えてこないし、肌に出てきた変な黒斑は絶対に消えない（たとえレーザーで焼いたとしても、どうせまた出てくる）。そういえば身体が言うことを聞かなくなってくるのと同時に、自分の身の回りのこともだんだん適当になってくる。映画の主人公が人間性を失っていくにつれ、その部屋が明らかにゴミ屋敷化していく。そういうこともある……と、自分の家を見回してまたゾッとする。

自分の肉体が不可逆的に腐っていくという事実。『ザ・フライ』は90分強という極めて短い時間で、その震撼すべき事実をこれでもかと積み重ね、こちらに突きつけてくる。あるいはいまの自分のようにゆっくり老いて、少しずつ崩れていけるのなら、それはまだ運がいいほうなのかもしれない。肉体の変容が何かの病気によって、もっと急激に起こるものだったとしたら。いや、「だとしたら」ではないのだ。そうしたことは誰にも起こり得る。そのことをクローネンバーグは知っていた。そしておそらく誰よりもそれを恐れていたからこそ、あえて短い尺のなかで急激に人体が変容し、ついに崩壊するまでを描ききったのではないか。そんなことを考えてしまう。

The Fly（86）
監督　デヴィッド・クローネンバーグ
製作　スチュアート・コーンフェルド
製作総指揮　メル・ブルックス
原作　ジョルジュ・ランジュラン
脚本　チャールズ・エドワード・ポーグ、デヴィッド・クローネンバーグ
音楽　ハワード・ショア
出演　ジェフ・ゴールドブラム、ジーナ・デイヴィス、ジョン・ゲッツ

「現実」に対する挑戦としての『戦慄の絆』

高橋ヨシキ

クローネンバーグ監督作品のうちでも『戦慄の絆』は突出してdisturbingな作品である。「disturbing」は通常「心をかき乱す」「不安にさせる」あるいは「嫌悪感を抱かせる」といった訳語が当てられるが、『戦慄の絆』はまさにその根源的な不穏さがもたらす不快感、また生理的嫌悪感によって観るものの心にダメージを与える映画なのである。

一卵性双生児で産婦人科医のマントル兄弟（ジェレミー・アイアンズ二役）は、その卓越した技術で医学会からも一目置かれる存在であり、彼らが営む高級クリニックには不妊に悩む富裕層の患者が引きも切らない。産婦人科医といっても彼らが担当するのは女性の不妊治療のみで、画面で観る限りその治療はおもに外科的なものに限られているようだ。映画の冒頭で描かれる解剖実習の場面では、医学生時代のマントル兄弟が手製の特殊な（膣）開口器を教授に咎められる。その器具を見た教授は「こんなもの、解剖には便利かもしれんが、生きた患者には使えんぞ」と嫌悪感をあらわにするが、「マントル開口器」と名付けられたそれはのちに手術用器具としての革新性が認められ、マントル兄弟の名声をさらに高めることになる。ところがおぞましいことに、やがて精神的に追い込まれた弟ビヴァリーは「マントル開口器」を患者相手に使用し、激痛を訴える女性に対してこう言い放つ。「これはかの『マントル開口器』だ。この器具には何の問題もない。痛みがあるとしたらそれはあなたの身体の方に問題があるのだ」と。また彼は別のシーンでも「女性の体は何もかも間違っている」と嘯くのだが、産婦人科医が女性の身体性に対する露骨な嫌悪を口にするというのは不快であるばかりか、医師に高く求められる職業倫理を踏みにじるものでもある。『戦慄の絆』がdisturbingである最大の理由は、本作がさまざまなモラルをこのように踏みにじっていくからであり、他のクローネンバーグ作品と比べてもその「よこしまさ」は類を見ないレベルに達している。

マントル兄弟にはモデルがいる。それがスチュワートとシリルのマーカス兄弟で、彼らはニューヨーク病院（ワイル・コーネル医科センター）に産婦人科医として勤めていた。スチュワートが医大の卒業生総代、シリルは次席という優秀さや、弟シリルの名前がスペルは異なるものの発音上は女性の名前と同じであるなど、映画のマントル兄弟とマーカス兄弟に共通点は多い。1975年7月17日、マーカス兄弟はマンハッタンの自宅マンションで腐乱死体となって発見される。兄スチュワートの死因は薬物の過剰摂取によるものだったことが判明。弟の死因は不明だが、兄の死の直後に一度マンションを出た姿が目撃されているところも映画と平行線を描く。マーカス兄弟に着想を得た別の作品にピーター・グリーナウェイの『ZOO（ア・ゼッド・アンド・トゥー・ノーツ）』（85）があるが、クローネンバーグは『戦慄の絆』の製作に入る前に同作の上映会に足を運び、2時間に渡って質問攻めにしたそうである（グリーナウェイの証言による）。

さて『戦慄の絆』では、三つの子宮口と三つの子宮腔を持つ女優クレア・ニヴォー（ジュヌヴィエーヴ・ビジョルド）と双子の弟ビヴァリーとの関係が不均衡をもたらし、最終的な破滅への扉が開かれることになるが、知らずして自分が双子の両方と関係を持っていた／持たされていたことに気づいたクレアが「あなたたちは同じベッドで寝ているの？」と非難するくだりがある。ここで示唆されているのはツインセスト（twincest）である。ツインセストは双子間における近親相姦を表す言葉で（twin+incest）、非常にニッチなものではあるが同性愛ポルノの1ジャンルでもある。ここでもまたモラルは踏みにじられる。『戦慄の絆』に直截的な双子間のセックス描写はないが、二人の均衡が「すべての体験を共有すること」でのみ保たれていた、という事実がその可能性を示唆するものであることは間違いない。クレアという「割り切れない存在」が奇数の内性器を備えていた事実は、マントル兄弟の「偶数のバランス」に対する決定的な一打を象徴している。

ドラッグと中毒、依存とコントロールにまつわるいささかバロウズ的なパワーバランスの変化も重要だ。医師（の一部）が薬物中毒に陥るのはそれほど稀なことではなく、それは薬物へのアクセスの容易さと関係しているが、言うまでもなくこれもまたモラルを蹂躙するものである。

だが『戦慄の絆』がショッキングなのはそれがモラル一般を無みするものだから、というだけではない。「器具ではなく患者の身体の方に問題がある」というのは端的に言って現実の否定である。マントル兄弟が「もともと」現実を否定していたということは極めて重要で、だから『戦慄の絆』は「均衡を失った双子の医師が薬物に溺れて破滅する」物語ではないのである。逆説的に行われる凄惨な〈シャム双生児の分離手術〉は、現実を上書きしてバランスを取り戻すための最後の、そして唯一の手段だったのであり、主観の世界に生きるものにとって、客観的な現実など「目を逸らせてしまえば」まったく意味をなさない、という恐るべき越境がエンディングではもたらされる。境界線上に生きるすべての観客（すなわち全観客ということ）にとって『戦慄の絆』が真にdisturbingなものとなるのは、そのような越境可能性が誰もの前に開かれていることをこの上なくはっきりと突きつけてくるからなのだ。

Dead Ringers（88）
製作・監督・脚本　デヴィッド・クローネンバーグ
原作　バリ・ウッド、ジャック・ギースランド
音楽　ハワード・ショア
出演　ジェレミー・アイアンズ、ジュヌヴィエーヴ・ビジョルド

『裸のランチ』

「作家であることを証明せよ」──バロウズへの憧憬と反撥

ヒロシニコフ

作家志望の除虫業者ウィリアム・リーは妻ジョーンを「ウィリアム・テルごっこ」で射殺してしまう。身を躲すためにリーは第三世界の都市インターゾーンへと逃げ込む。彼は麻薬を分泌する生物マグワンプや、肛門から言葉を放つ虫型タイプライターより命を受け、邪悪な医師ベンウェイ率いるインターゾーン商会の陰謀へと立ち向かい、その過程を報告書として記録することになる。その記録は『裸のランチ』と名付けられた……。

ウィリアム・バロウズにより書かれた『裸のランチ』は妄言と麻薬中毒に関する断片的なエピソードからなる、歪なモザイクのような小説である。同書を直接的に映画化することは、文字通り不可能だと言える。なぜなら確実に映画の体をなさないからだ。アントニー・バルチでさえも、1971年に映画化を試みたが断念している。実験映画の文脈においても成功しなかったこの禁書の映像化を熱望したのは誰であろう。そう､他でもない。デヴィッド・クローネンバーグだ。クローネンバーグはバロウズと意見交換を重ね、「原作がいかにして書かれたか」という方向より換骨奪胎を試みた。そして、映画『裸のランチ』を作り上げた。

若き日のクローネンバーグは、バロウズやウラジーミル・ナボコフに耽溺する文学青年であった。大学では生化学・生物学を専攻していたが、後に文系学部へと転部。作家となる夢を抱き、英文学を学び自ら小説を執筆するもバロウズやナボコフを超えることはできないと悟り、文筆を断念。そして映画の道へと足を進めることとなる。この遍歴は、そのままクローネンバーグのフィモグラフィと直結する。滝本誠氏の『デッドゾーン』評である「理系グロから文系サス・スリへ」とは言い得て妙で、クローネンバーグが撮ったジャンルの遷移はまさにそれである。プライベートを作品に反映させる傾向のあるクローネンバーグだが、そのフィルモグラフィにも人生が投影されている。『ザ・フライ』で「理系グロ」の頂点を極めたクローネンバーグは、ここで自らのルーツ……若き日に敬愛していた作家の作品へと立ち返ろうと試みた。こう見ると「憧れた小説の映画化を成し遂げた」

と美談チックに語ることもできるだろう。だがしかし、どうにも映画『裸のランチ』にはクローネンバーグの屈折した自我が潜んでいるように思えてならない。

原作からストーリーを練り直すにあたり、クローネンバーグは「僕は単なる〝翻訳者〟になるつもりはなかった」と述べている。原作には、思想を送信する超能力者「送信者」や、謎の医学実験、肉体が変形した麻薬中毒者など、いかにも「クローネンバーグっぽい」エピソードが多く存在している。もちろん、若かりし日のクローネンバーグがこれらのグロテスクなSF的イメージに影響を受けたことは言うまでもない。だが、映画からは小説にあったSF的イメージは全て排除された。かつて評論家ミッチ・タックマンはクローネンバーグの映画に対して「バロウズがいなければ、クローネンバーグのイメージ表現は存在し得ない」との評を下した。客観視すると、それは認めざるを得ない事実だろう。だが本人からすると、これ以上にコンプレックスを刺激する評はなかったの

ではないか。若き日に目指した作家という夢。その過程で、超えることができないと自覚したバロウズの影響。それを手痛く指摘されたのだから。ゆえに「裸のランチ」の映画化にあたり、自作との共通項を指摘されそうな箇所を意図的に取り除いたと推察される。

そして、その上でクローネンバーグは自身の作品において反復し続けているモチーフを映画に持ち込んでいる。「謎の陰謀に翻弄される人間」は、『クライムズ・オブ・ザ・フューチャー』に至るまで一貫して描かれ続けているものだ。さらに、肛門を有する虫型タイプライターである。これは原作にあるゲイ要素の暗喩（というには直接的すぎるが……）と見ることもできるが、クローネンバーグが当時志向していた「脱ボディ・ホラー」の過程の一環である。『ザ・フライ』以降、クローネンバーグは人間の肉体を変化させず、無機物を生物的に変化させる方向に歩を進めた。『戦慄の絆』の手術器具、『裸のランチ』のタイプライター、『イグジステンズ』のゲームポッド。「肉体の変容」という目を惹く要素を除去することで「謎の陰謀に翻弄される人間」という真に描きたいモチーフを際立たせるためにだ。

劇中において「作家とは何か？」という問いが繰り返される。これはバロウズが作家となる道程を描いた作品としては必要不可欠なパンチラインと言える。だが、本作に横溢するクローネンバーグのエゴを見出すにつれ、この問いは主人公に投げかけられたものではなく、クローネンバーグ自身の宣言であるように思えてくる。クローネンバーグは『裸のランチ』の製作前にこうも語っている。「自分の〝映画の声〟をつかんだと感じるいま、もうひとつのルーツに立ち返ってみたいと思った」。これは自らの独創性で「裸のランチ」を塗りつぶすという犯行予告に他ならない。映画のラストシーン、リーは「作家であることを証明してみろ」と問われ、かつて過ちで射殺した妻を今度は確固たる意志の下で撃ち殺す。作家であることを証明するために。これはバロウズの「もしジョーンの死がなければ、決して作家になることはなかっただろう」という言葉を受けての描写と解釈できるが、同時にクローネンバーグ自身が若かりし日に挫折した作家という夢と再び対峙し、そして乗り越える「作家宣言」の意味合いを持っていたのではないか。

本作が製作されたのは、バロウズを筆頭とするビート・ジェネレーション文学運動の最盛期から約40年が経過した1991年。ジェネレーションで語るなら「ミレニアルズ」となる。ミレニアルズの特徴はインターネットの爆発的普及だ。この世代のカルチャーについて論じた書籍に、ダグラス・ラシュコフが著した「サイベリア　デジタル・アンダーグラウンドの現在形」がある。この書籍では、ビートから生まれたヒッピーがLSD体験を通じてアクセスする「無限のハイパーテキスト宇宙」と「サイバースペース」つまりインターネットは同じもの（サイベリア）である、という理屈を基に文化論が展開される。本論において、バロウズとインターネットはシームレスに接続される。つまり「裸のランチ」で書かれた、あらゆる人種と超現実的な事象が渦巻く都市インターゾーンとは「前サイバネティック時代の妄想次元」であり、インターネットを予見したものなのだ、というわけだ。

映画『裸のランチ』において、クローネンバーグはエピソードの取捨選択の果てに、インターゾーンを空間的中心とした作劇を行った。さらに、主人公は自ら思考するデバイス＝虫型タイプライターを携帯している。この姿はスマートフォンを手にインターネットにアクセスする現代人とリンクする。そして、インターゾーンにのめり込み現実から離脱してゆく主人公の姿は、まさに病的にインターネットに依存する現代の社会問題と同一視できるものだ。これはかつてクローネンバーグがバロウズの影響下で「理系グロ」作品群に焼き付け、さらに『裸のランチ』においては意図的に原作からオミットしたSF的イメージがもたらす「テクノロジーの恐怖」そのものである。奇しくも「裸のランチ」を90年代に映画化してしまったことにより、この「テクノロジーに対する予見的ビジョン」が時代と絡みあうアレゴリーとして映画にベッタリ貼り付いてしまった。なんと皮肉なことだろう。クローネンバーグに巣食ったバロウズの呪縛は、主人公がラストで放った銃弾をもってしても祓うことはできなかったのだ。

後年、クローネンバーグは『裸のランチ』と同様に現実と虚構（バーチャル世界）を行き来するプロットの『イグジステンズ』を監督する。この映画では開き直ったかのようにSF的イメージが爆発している。そして『イグジステンズ』の後、クローネンバーグはSF要素を一切持たない映画を20年にわたり監督し続けた。クローネンバーグは『裸のランチ』の経験を基に、バロウズ由来のSF的イメージと直接向き合うことで、ようやっと作家であることを証明できたのかもしれない。誰でもなく、自分自身に。

Naked Lunch（91）
監督・脚本　デヴィッド・クローネンバーグ
製作　ジェレミー・トーマス
原作　ウィリアム・バロウズ
音楽　ハワード・ショア
出演　ピーター・ウェラー、ジュディ・デイヴィス、
イアン・ホルム、ジュリアン・サンズ

12ヶ月連続名作上映プロジェクト「12ヶ月のシネマリレー」
『裸のランチ 4K レストア版』全国順次公開中

配給：東北新社

幻想を愛する『エム・バタフライ』

児玉美月

ときは文化大革命。フランスの外交官であるルネ・ガリマールは、アメリカの海兵軍ピンカートンと芸者の蝶々さん（バタフライ）の長崎を舞台にした悲恋が描かれたプッチーニによるオペラ『マダム・バタフライ』を中国人の歌手ソンがうたう姿をみてひとたび心奪われてしまう。上演後、ガリマールはソンに対して『マダム・バタフライ』が宿す美しさとは「真の自己犠牲」にあると説く。それに対してすかさずソンは、「西洋人」にとっての「従順な東洋の女と残酷な白人の男」という図式的な「夢物語」ではないかと反駁する。ふたりが出逢ってすぐに交わしたこの言葉をなぞるようにして、関係は動き出す。ガリマールは女性役を男性が演じていたことなどつゆ知らず、ソンの女性としての魅力に囚われてゆく……。

映画がはじまって五十分ほどが経過しようとしたとき、同志チンがソンの腰掛ける寝具に女性のイメージとともに「Cinemonde」や「HOLLYWOOD」などと書かれた表紙の雑誌を何冊も投げつける。チンの口にした「女装」なる言葉によって映画は曖昧にしていたソンのジェンダーを明確化し、女性として生きる男性であることを観客に決定づける。『エム・バタフライ』と同時期に製作されたニール・ジョーダン監督作『クライング・ゲーム』（92）は性と政治が絡み合いながら人種的・文化的差異を炙り出してゆく物語構造、性別越境者といった複数の類似要素によってよく引き合いに出される作品である。『クライング・ゲーム』はＩＲＡの闘士ファーガスが人質としてとったアフリカ系の兵士ジョディの亡き後、彼の遺言を頼りにジョディの恋人だった女性ディルを探す物語が描かれているが、この映画では上映開始から一時間が過ぎた頃に、より露悪的な手法でディルが（ファーガスから見れば）「男性」であったと「種明かし」されてしまう。これら『エム・バタフライ』と『クライング・ゲーム』におけるジェンダーが「暴露」される展開は、映画の表象のみに向けられる好奇なまなざしにとどまらず、わたしたちが映画から離れた日常生活においても絶えず出会う人々を無意識ながらに男性か女性かに割り振る審判のまなざしから免れない事実を、白日の下に晒しさえするかもしれない。ファーガスとディルがいざ肌を重ね合わせようとした瞬間、ムーディーな音楽が暴力的に遮断されて全裸のディルの陰部をカメラが捉える。衝撃を受けたファーガスはその事実に嘔吐が止まらず、このトランスジェンダーへの差別を助長しうる描写の問題点に関してはのちにドキュメンタリー映画『トランスジェンダーとハリウッド：過去、現在、そして』(20)でも批判された。

この二作品の比較で論点となるひとつは、ディルがそうしてペニスの露出によって「男性」であることが明らかにされるのに対して、ソンは終盤で一糸纏わぬ姿になるにもかかわらず、そこは隠されたままにされるところにある。『クライング・ゲーム』ではファーガスが手錠に両手を繋がれたままのジョディの排尿を手助けする場面で、ジョディがペニスを「単なる肉のかけら」でしかないと話す。その言葉に則るようにして、『クライング・ゲーム』では性器を映画のギミックに利用しながらも、次第にその重要性は減滅されてゆくように思える。そこではペニスは暴露され、ひとたび視認されてしまえばつまらぬ「肉のかけら」でしかなくなってしまう一方、『エム・バタフライ』ではペニスは決して映像上で可視化されずに秘匿されるがゆえに、神秘性は増幅され、その存在が想像において肥大化されてゆくかのようで、重い意味づけがなされる。さらに同時期には、京劇と性別越境の主題が描かれたチェン・カイコー監督作『さらば、わが愛 覇王別姫』(93)もある。序盤でレスリー・チャン演じる女形の蝶衣は幼き頃に六本ある指を母親に強制的に切断され、それが「去勢」を象徴しているためか、撹乱されたジェンダー・アイデンティティが描かれてゆくにあたって性器の問題が殊更俎上に載せられることはない。

まず『エム・バタフライ』を観た誰もが頭をよぎる問いとは、「ガリマールは本当にソンが男だと気づかなかったのだろうか?」に違いない。それはこの映画が一九八六年に実際にスパイの容疑で起訴されたカップルを基にしていると知ってもなお払拭しきれない。ソンは東洋人女性としての「慎ましさ」を口実に、決してガリマールの前でその衣服を脱がなかった。ふたりの性行為も劇中ささやかに映されるが、そこでも着衣のままで及んでいる。さらにガリマールはソンが妊娠したと告げると、疑う余地もないほどに喜びを露わにする。西洋人男性による東洋人女性のステレオタイプをそのまま徹底的にソンは演じ、偽の子を手配してまでガリマールを巧みに騙す。ソンは雑誌などメディアにおける女性像を研究し、「女性」に意味づけられている記号や身振りを得た知識によって模倣しながら「女性」としての自らを確立していった。つまり『エム・バタフライ』は、そうしてジェンダー=社会的・文化的な性別が構築された概念であることを提示しているのは間違いない。しかしそれだけでなく、長きにわたって共同生活を営み、子供を孕んで然るべき性行為にともなうほど相手の身体に接触しつづけていたにもかかわらず、ガリマールのソンに対する「女性」という性別の認識が一切変わらなかったことは、どんな身体の有り様がどの性別に属すかといった認知もまた絶対ではなく、ガリマールが幾多も抱え込んでいた「幻想」のひとつに過ぎないのだと言っているかのように思える。

ガリマールは西洋の男性が作り上げた東洋の女性という名の幻想を愛していたに過ぎない。しかしすべてが明らかになったあと、ガリマールに拒絶されるソンの痛ましい背中はソンがたしかに彼を愛していたのだと観客に伝えるものである。そうだとするならば、自分ではなく幻想を見ていたガリマールと生きたソンが愛したのもまた、いったい誰だったのか。「僕は男だ」と威厳を張ってみせる描写などからも窺えるように、ソンが「従順な東洋の女」を演じていたのと同じく、ガリマールもまた「残酷な白人の男」を演じていただけだったのかもしれない。それぞれの役柄を演じていた「舞台」からおりてしまった彼らの愛の対象は、その手から飛び去り、永遠に掴むことのできぬ蜻蛉（とんぼ）のようなものだったのだ。

M. Butterfly（93）
監督　デヴィッド・クローネンバーグ
製作　ガブリエラ・マルチネリ
製作総指揮　デヴィッド・ヘンリー・ホアン、フィリップ・サンドハウス
脚本　デヴィッド・ヘンリー・ホアン
衣装デザイン　デニース・クローネンバーグ
音楽　ハワード・ショア
出演　ジェレミー・アイアンズ、ジョン・ローン

工業時代のポルノグラフィ、としての『クラッシュ』

高橋ヨシキ

「トラウマ（trauma／トローマ）」は身体的な外傷を指す言葉だが、精神的なダメージについても同じ言葉が適用される（psychological trauma＝心的外傷）。「トラウマ」の語源はギリシャ語で「傷」や「損傷」を表す「τραύμα（同じく「トラウマ」と発音する）」で、一般に傷や損傷の原因が外的なもの（外力）であるため、身体についても精神についても同じ言葉が適用されるのである。面白いのは――と書くのはコントロヴァーシャルに過ぎるかもしれないが、原作・映画作品どちらも極度にコントロヴァーシャルな作品についての文章がコントロヴァーシャルな性質を備えてしまうのは致し方ないことかもしれない――面白く、また興味深いのは、いったん加えられた身体的外傷が、たとえそれが治癒したとしても、人間の内面に非可逆的な変化をもたらすということだ（もちろんこれは外傷の程度にもよるし、個人の資質によるところも多いということは言い添えておく）。これは個人的な体験からもそうだと断言できる。筆者は左腕の肘をこれまでに2回骨折しており、他にも鎖骨や指を骨折したり、またかなり深い切創も幾度か経験しているのだが、そうした外傷の経験が今ある自分を形成する一部であることは否定し得ない。そうした外傷を負わなかった人生を送っていたとしたら、おそらくかなり違う性格や精神性を獲得していたはずである。

クローネンバーグの『クラッシュ』は、表層的には自動車事故に性的興奮を覚えるようになった自動車事故経験者たちを描いた作品で、そのように紹介されることも多い。これは決して誤りではないが、「自動車事故」という事象が持つリッチで複雑なレイヤーに注目しないとこの作品を見誤ることになるだろう。「自動車事故」は一つの言葉だが、概念としての「自動車事故」は機械工学からセレブリティ幻想までも包括する網羅性を含む広大なプレイグラウンドを提供するもので、だからこそ『クラッシュ』はポルノグラフィとして成立するのである。ポルノグラフィは常に、リビドーの対象を無限に分割し細分化することで成り立っているが、それは畢竟「性行為」という概念が無限のプレイグラウンドを提供しているという事実を示すものだ。J・G・バラードはそれに気づいたからこそ「史上初のテクノロジーに基づくポルノグラフィ」として小説『クラッシュ』をものしたのであり、映画版もそれをしっかりと引き継いでいる。映画批評家ロジャー・

イーバートは『クラッシュ』について「車や傷跡、松葉杖や瘡蓋や外傷といった要素を一般のポルノ映画の要素と入れ替えたら、この映画はそのままポルノ映画として成立するだろう」と書いたが、実際はその逆ではないかと筆者は考えている。性器や挿入行為、あるいは（少なくともポルノ界が依拠する性的ファンタジーの世界において許容されている範囲内の）フェティッシュは「車や傷跡、松葉杖や瘡蓋や外傷」によって代替可能なはずだ、というのが『クラッシュ』とその登場人物たちの主張であり、それを否定する理由は見つからないからだ。バラードが小説版『クラッシュ』を発表した半世紀前に比べて逸脱的な性的ファンタジーへの許容度が広がった（ように誤って感じられる）からではない。「自動車事故」には実際に性的ファンタジーの受け皿となるだけのポテンシャルがあらかじめ備わっていて、それは人間存在がテクノロジーと切断不可能になったことと結びついている。

ところで「自動車事故」の性的対象化を映像にするにあたって、クローネンバーグは分かりやすく視覚的で、既存のポルノグラフィあるいはフェティッシュとも相反しないギミックを『クラッシュ』に散りばめている。最も目立つのは質感の強調であり、それは女性の登場人物がまとっている下着類がことごとく光沢素材だというところに端的に現れている。それぞれ質感は微妙に違えど、これが自動車や飛行機のボディと呼応しているのは一目瞭然である。ロザンナ・アークエット演じるガブリエルは全身につけた歩行用装具も相まって、まさに事故車を擬人化したかのように見える。彼女の太腿の傷跡が女性器そのものに見えるのは――『ビデオドローム』で主人公の腹に生じたヴァギナ状の亀裂とは異なり――事故車のダメージですらポルノ的に消費できるということを示している。ヴォーンとバラードがそれぞれ事故車のパーツの刺青を彫るのも同じ理由に基づくものだ。人体の損傷と車のダメージは、性的ファンタジーの対象である限りにおいて交換可能だと『クラッシュ』は主張する。

『クラッシュ』が極度にコントロヴァーシャルな作品だとみなされるのは、大量生産時代の工業的リビドーの行き着く果てをこれ以上なくはっきりと見せてしまったからだ。我々の身体はすでに工業的（インダストリアル）なものになっており、テクノロジーはどこまでもセクシーな存在であり続ける。我々はずいぶん前から『クラッシュ』の現実を生きているのである。

Crash（96）
製作・監督・脚本　デヴィッド・クローネンバーグ
ネンバーグ
製作総指揮　ジェレミー・トーマス、ロバート・ラントス
原作　J・G・バラード
音楽　ハワード・ショア
出演　ジェームズ・スペイダー、ホリー・ハンター

クラッシュ 4K レストア無修正版 Blu-ray セル
6,380 円（税込）
発売元：TC エンタテインメント / 是空
販売元：TC エンタテインメント
その他：提供：ザジフィルムズ

現実と虚構のあわいを漂うゲーム世界

『イグジステンズ』

山本貴光

フィクションはその名の通りつくりもので、現実とは無縁のように思われたりもする。だが、ときとして虚構であるはずの創作物が裁判沙汰や刃傷沙汰を引き起こして世を騒がせるのはご存じの通り。いや、事件を起こすのは作品ではなく人間なのだが。例えば、チャタレイ裁判やサド裁判、あるいはサルマン・ラシュディの小説『悪魔の詩』に関する一連の事件などはその一例。

『イグジステンズ』で騒動の元になるのは、同名のゲームとそのゲームデザイナー、アレグラ・ゲラー（ジェニファー・ジェイソン・リー）だ。人から「俺の人生を変えてくれた神」と崇められるかと思えば「現実を歪める悪魔」と命を狙われもする。毀誉褒貶著しいとはこのことだ。一緒に巻き込まれるのは、ひょんなことから彼女の護衛役となるテッド・パイクル（ジュード・ロウ）というゲーム会社の社員で、まことにお気の毒様である。

いったいどんなゲームなのか。はたから見る限りではディスプレイのような出力装置はない。ただ、ぶよぶよの肉塊のような「ポッド」と、そこから伸びるケーブルがあるばかり。遊びたければ、このケーブルの端を体に挿入すればよい。そう、背中の腰のあたりに穿たれた穴（ポート）から脊椎へと接続すればＯＫ。神経系に直挿しである。「ゲームのためにそこまでする？」とはバイクルのセリフ。気持ちは分かる。

機序は不明だが、ポッドに接続したプレイヤーの意識にゲームの世界が立ち現れる。というよりも、気づいたら異世界にいるといったほうがよい。ヘッドマウントディスプレイをかぶる必要もなければコントローラを手にする必要さえない。ただゲームの世界へ移動するだけ。ゲームの世界は文字通りリアルで、現実と見分けがつかない。これはヤバい。

ただし、登場するキャラクターの様子がちょっとおかしい。プレイヤーに話しかけたりしてくるのはいいとして、言うことを言うとあとは口をつぐんでじっと待つ。まばたきしたり、ちょっとゆらゆらしたりして。そう、ゲームでお馴染みの待機状態だ。ゲームデザイナーが「プレイヤーがこういう発言をしたらこういう行動をとれ」と設定してあって、その通りに発言すれば話が進み、それ以外は無視されて先に進まない。フラグを立てろ（条件を満たせ）というわけだ。

どうやらとるべき行動もシナリオで決められているようで、然るべき場面になるとプレイヤーの意思をよそに勝手に口が動いて発言したり、行動しようとする。あらかじめ設定されたシナリオをなぞるタイプのゲームで、プレイヤーとキャラが本当に一体化したら、ちょうどこんな奇妙な状態になるに違いない。自分なのに自分じゃないのに自分として行動するというのだから、イヤでも混乱しそう。

とまあ、現実か虚構か区別できないほど先進的なグラフィック技術（というか、人間の視聴覚神経を使った技術）に対して、ゲームのつくりは存外昔ながらの一本道アドベンチャーゲームだったりして、そのギャップも面白い。

もう一つゲームといえば肝心のストーリーはどうか。プレイヤーがゲーム開始時にいるのはゲームショップだ。そこで入手したポッドでさらに別のゲームに入る。夢の中の夢と同じで、目覚めたときどれがほんとの現実か分からなくなるやつだ。ダメ、ゼッタイ。と思っていると、案の定主人公たちは試してしまう。

ゲームの中のゲームの世界でのプレイヤーはポッド製造工場で働いているようだ。ベルトコンベアを流れてくるぬらぬらした生き物をナイフで捌いて処理しなければならない。そこにはどうも敵のスパイが紛れ込んでいるらしいというので、誰が味方で誰が敵か分からず、殺るか殺られるかという場面が転々と展開する。

画面には絶えずぐちゃぐちゃしたものが映ってウエッティ。多くの映画では観客の空腹感を募らせる食事シーンも、できれば御免被りたいようなシロモノで、監督の趣味といってしまえばそれまでだが、考えてみればゲーム機は生物の神経系からつくりだされた有機物だし、ゲームもプレイヤーの体内で起きている神経的な現象で、どこまでいっても生物的なゲームなのだ。

それにしても映画に匂いがなくて本当によかった。と思ったところで思いつく。「イグジステンズ」をプレイしている人たちは、視聴覚がどころか五感すべてで、ということは、匂いも味も全身の触感も感じているにちがいない。仮にそうだとしたら、これは現実と何がちがうのだろうか。頼りになるのは、キャラたちの変な動きと「いま自分はゲームの中にいるんだぞ」という自覚くらいだろうか。

そんな状況ということもあるけれど、ゲームの中なんだからと躊躇なく他のキャラクターを殺す人もいれば、「もし現実だったらどうするの」と戸惑う人もいる。普段私たちが遊んでいるゲームは、モニターの周囲の現実世界も目に入るから、両者を取り違えることは万が一つにもあり得ない。「イグジステンズ」はそこが面白くも困ったところで、ゲームの中のゲームの中のゲーム……と複数の異世界を行ったり来たりしているうちに、いま自分がいる世界が元の現実世界かどうかが覚束なくなってゆく。

そもそもどこからが現実世界のことで、どこまでがゲームの中だったのか。いま見ているのはどの世界なのか。まさかと思うけど、この映画を観ている私もゲームの中にいるんじゃないだろうな。と疑わしくなってきたらクローネンバーグの術中にハマっている。

それで一つ、とても気になることがある。ゲームでの体験の記憶が、ほとんど現実世界での体験の記憶と変わらない生々しいものだとしたら何が起きるだろう。だってそれはもはや別の現実での記憶のようなもの、あるいは旅先での体験のようなものと限りなく区別がつかなくなりそう。

こう考えてみると、「イグジステンズ」のシナリオやセリフがいかにもゲームっぽくてなんだか陳腐なのは、ゲームと現実の区別をつけやすくするための配慮だったのかもしれない。そんなことはないか。

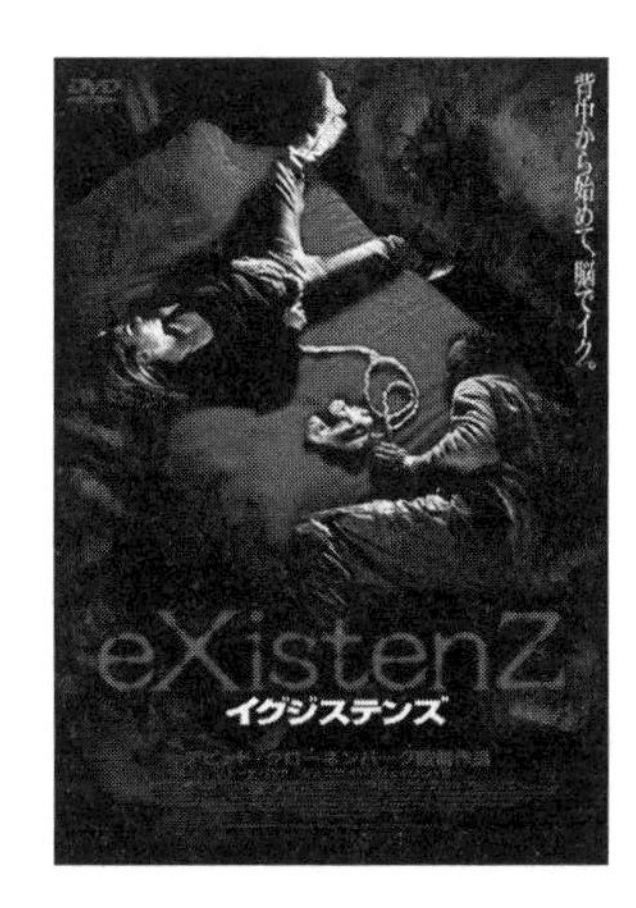

eXistenZ（99）
監督・脚本　デヴィッド・クローネンバーグ
製作　ロバート・ラントス、アンドラス・ハモリ、デヴィッド・クローネンバーグ
音楽　ハワード・ショア
出演　ジェニファー・ジェイソン・リー、ジュード・ロウ
イアン・ホルム、ウィレム・デフォー

混乱する意識のなかで垣間見る母の影

『スパイダー／少年は蜘蛛にキスをする』

真魚八重子

原作はパトリック・マグラアの小説『スパイダー』。映画の脚本もクローネンバーグとマグラアの共作となる。映画が非常に侘しい雰囲気であるように、原作も正気を失っている主人公の、心象を淡々と綴った孤独が立ち込めている。

タイトルデザインも本作にふさわしい。壁のカビが滲んだしみか、ロールシャッハテストのような模様。主人公のスパイダーことデニスは、まだ統合失調症を患ったままだが、暴力性は少ないと判断されて、満員の精神病院を追い出された状態だ。まだ混乱したままの彼の頭の中と、タイトルアートの絵画のように調和の取れた混沌は、まさにスパイダーそのもののようである。

スパイダーはロンドンの、同じようなおとなしい病人が社会復帰のために暮らす、ウィルキンソン夫人の元に身を寄せることになる。そこで簡単な農作業などしつつ、空き時間は小さな文字でメモ帳にひたすら何かを書きつけ、または幼い日々を過ごした辺りを散策する。スパイダーは時折、道路脇に落ちているひもを拾う。服もおそらく何かから身を守るためにシャツを何枚も重ね着しており、それは彼なりの理屈で必然なのだ。

スパイダーのメモは子どもの頃の記憶を綴ったものであり、それに従って映画も展開していく。少年時代の彼は母親（ミランダ・リチャードソン）から蜘蛛の話を聞くのが好きで、そのためスパイダーという愛称で呼ばれるようになった。この記憶を辿る際に、現在のスパイダーであるレイフ・ファインズがその現場に必ず立ち会って佇み、当時の様子を演じる父親役のガブリエル・バーンや、ミランダ・リチャードソンを眺めている。大人になった本人がその場にいる記憶は奇抜な演出のはずだが、とても自然で違和感はない。

配管工の父親は酒飲みで、仕事のあとはパブに入りびたりだ。少年のスパイダーは母の言いつけで、夕飯ができたとパブまで父を迎えに行ったりする。そこは酒臭い大人たちと、化粧が濃く蓮っ葉な娼婦たちがたむろする場だ。本作のなかでミランダ・リチャードソンは三役を演じていて、母と娼婦イヴォンヌ、そしてウィルキンソン夫人も途中からリチャードソンに取って代わる。あくまで統合失調症のスパイダーに見えている主観で演出は進んでいき、虚実は徐々に曖昧になり、判然としなくなっていく。

たとえば、父はイヴォンヌに惹かれ、パブからの二人きりでの帰り道では、トンネルになった用水路脇でセックスに至りそうになる。ただその晩はイヴォンヌによる手淫だけで終わって、彼女は用水路——用水路側から写しているカメラに向かって、手に着いた精液を振り払う。観客の我々は精液を浴びせられつつ、急に物憂げになって壁の暗闇へ溶け込むように体を向けたガブリエル・バーンの背中を見る。だが、振り替えるとレイフ・ファインズになっており、「俺はもうしばらくここにいる」と、父の言葉を大人になった息子が語るのを聞く。

この入れ替わりの演出は鮮やかで素晴らしい。不意に目が覚めるようで、また射精後の男性の虚無的なのか、一人きりになりたい感覚が伝わってくる。だが、これは演出のケレン味以前に、そもそもありえないのだ。少年のスパイダーが、父と娼婦のつかの間の情事の現場にいたはずがない。ただこの明らかな妄想を、少年のスパイダーは当時すでに抱いていたのか、大人になるにつれて育んだのかはわからない。

同様に、父とイヴォンヌが夜、菜園の小屋で情事に耽っているところへ母が乗り込んだことを、少年のスパイダーは知る由もない。だが大人のスパイダーは書きつけていたメモに「それが母を見た最後になった」と記す。そのうえ、イヴォンヌはその足で家に上がり込み、その日からスパイダーの義母になるという。優しき息子想いの母と、荒んだ娼婦を演じ分けるミランダ・リチャードソンの演技力もあり、この家庭の不具合も絶妙にバランスが悪く、スパイダーの妄想の一端を伝える。妙にかいがいしい娼婦は料理も作り、スパイダーのことを普通に可愛がっている。まるで本物の母のような気づかいで。

少年のスパイダーが混乱の中で部屋に糸を張り巡らしたように、大人のスパイダーも糸を張り始める。だがそれによって、少年時代の巣の糸の先を、台所のガス栓に括りつけたことを思い出す。それと同時に、母と同じ顔に見えていたウィルキンソン夫人が、元の初老の女性に立ち戻る。

「母」といえばクローネンバーグも『危険なメソッド』で取り上げた、ユングの心理学に登場する、子どもを愛し、しかし飲み込んで包含してしまうグレートマザーが有名だ。スパイダーの母は「母蜘蛛はおなかいっぱいの卵を産むと空っぽになる」と話す。そしてシャツを重ね着する大人のスパイダーに、同じ屋敷の住人は「空っぽのやつほど服を重ねる」と揶揄する。彼を飲み込んで包含し、または胎内から出すと空っぽになる破壊的なイメージを、スパイダーは母に投影していたのかもしれない。

Spider（02）
監督　デヴィッド・クローネンバーグ
製作　キャサリン・ベイリー、デヴィッド・クローネンバーグ、サミュエル・ハディダ
脚本　パトリック・マグラア、デヴィッド・クローネンバーグ
原作　パトリック・マグラア
音楽　ハワード・ショア
出演　レイフ・ファインズ、ミランダ・リチャードソン
ガブリエル・バーン

多重に描かれる愛と暴力

『ヒストリー・オブ・バイオレンス』

森本在臣

公開時のキャッチコピー「愛と暴力の対立」が、本作の性質をうまく表している。主人公自身の愛と暴力、家族から見た主人公への印象、それらの心理的な対立や葛藤が、クローネンバーグならではの技法でフィルムに落とし込まれているのだ。

『ヒストリー・オブ・バイオレンス』は、もともとはヴァーティゴ・コミック（DC傘下のレーベル）から出版されたジョン・ワグナー原作のグラフィック・ノベルである。設定と序盤の展開は共通しているが、あとは別物といっても良いくらい違う。コミックがストーリー重視のハードボイルドに徹しているのに対し、映画は観客の想像に委ねる部分も設け、より深みを出すことに成功しているような印象だ。

本作では様々な形での暴力が描かれる。直接的なものも含め、そのバリエーションは多彩であり、クローネンバーグがいかにテーマとしての暴力を効果的に配置しているかがわかる。凡百の映画ならば、主人公の過去を明かして派手なアクションに持ち込み、「結局は暴力で解決しました。めでたし、めでたし」で終わりそうなところだが、クローネンバーグに限ってそんな安易な映画は撮らない。暴力を通して見えてくる人間の心理を巧みに浮き上がらせ、最後まで観る者の想像力を刺激してくるのだ。

クローネンバーグの得意テーマである「変異・変容」ももちろん本作には盛り込まれている。とはいえ、初期作品のような肉体的変異や、この作品の少し前に取り入れていた機械的な対象への変容はない。『ヒストリー・オブ・バイオレンス』では、主人公トムの暴力的殺人マフィアから愛すべき一般市民への変容、という過程は直接的には描かれておらず、すでに変異を終えたところから物語がスタートしている。では、過去の自分へ戻っていく様を描いているのかといえば、それとも違う。この映画では、変異した者へ対する周囲の意識の変容と、さらにそれを受けての主人公自身の心理的動きを主軸として置いているのだ。主人公トムの過去、つまり変異前のトムを知り、妻子の気持ちが変容していく様と主人公自身の現在進行形の心の在り方を描くという大変高度なことを、まったく説明臭くならずにスマートに提示している。さすがはクローネンバーグといったところであるが、ある種の変化球であることには変わらないので、公開時はファンから異色の作品として受け止められていた印象だった。この、表面だけ見たらクローネンバーグらしさが薄く思えてしまう、というのが本作の唯一の弱点なのかもしれない。

ここで描かれている複雑で緻密な人間心理のドラマは、構成の巧さにも裏打ちされている。

例えば、映画の冒頭は二人の男が子供すらも容赦なく殺害する極悪人である様子を描いている。そのハードボイルドでストイックな展開は映画への期待を否応なしに高めており、ここまで振り切って描いているのだから、この二人はメインの悪役なのだろうか、と観客は思う。しかし、オープニングのインパクトに反して、この二人の悪役は序盤で主人公から返り討ちに遭い、あっけなく殺されてしまう。この事件自体はストーリー上の大きなきっかけとなるポイントなのだが、二人の悪役をオープニングで大々的に描く必要性は果たしてあったのか、と観客は疑問を抱くはずだ。その疑問を考えてみると、ここにはクローネンバーグ流の暴力の対比の構図が隠されているのではないかと思う。二人組の無慈悲に子供を殺すような倫理的に悪でしかない暴力と、同じ殺人であっても、反撃で犯罪者を死に至らしめ、正義のヒーローとして祭り上げられる主人公の暴力という、二種の暴力の対比構造をクローネンバーグは配置したかったのだろう。それにより、暴力はどんな形であれ暴力に過ぎないのだという当たり前の事実を自然に提示しているのだ。

暴力というものの性質が同じだからこそ、主人公の過去を知った家族は、まったく暴力的ではない現在の主人公トムと、過去の暴力の権化とも言えるマフィアであったジョーイという存在の同一性をうまく受け入れ、咀嚼することができないのである。この、同一性をもってして同一性を揺らがせるという手法は、クローネンバーグとしても新しい試みであったと思う。

他にも、トムの家の郵便ポストが事件の前では「ストール」という苗字がはっきりと映し出されているのに対し、事件後に過去が仄めかされた時点ではそれが隠されているとい対比描写がある。トムは家族が知っているストールでは無い、という暗喩だ。もう一つ、夫婦のセックス描写も二回あり、前半はやりすぎな程に明るく「(二人の出会っていなかった) 過去を取り戻さなくちゃ」などというセリフまである通り、現在進行形の愛を強調している。それに対し後半では、レイプまがいの暴力的な性描写があり、ここでも分かりやすい対比の構図が用いられているのだ。

もし、本作を当時観てピンとこなかった、という方がいれば、この対比の構図を意識してもう一度観直して観ることをお勧めしたい。クローネンバーグの映画作りの巧さに舌を巻くはずである。

A History of Violence（05）
監督　デヴィッド・クローネンバーグ
製作　クリス・ベンダー、デヴィッド・クローネンバーグ
　　　J・C・スピンク
脚本　ジョシュ・オルソン
原作　ジョン・ワグナー、ヴィンス・ロック
衣装　デニース・クローネンバーグ
音楽　ハワード・ショア
出演　ヴィゴ・モーテンセン、マリア・ベロ、エド・ハリス

二つの生を生きる男の哀切な物語

『イースタン・プロミス』

真魚八重子

監督として俳優を選べる立場になり、実際に相性が合っているように見えても、クローネンバーグは同じ俳優を続けて主演に迎えることは稀だった。そのクローネンバーグが『ヒストリー・オブ・バイオレンス』という傑作に続き、ヴィゴ・モーテンセンを主演に迎えた時点で、本作はまるで恋人との蜜月を見ているように、理想の俳優との仕事であるのがわかる。それはヴィゴがロンドンの街に佇む黒いコートにリーゼント姿や、カタギではない伊達男姿のかっこよさに一目瞭然で現れていた。

ヴィゴの主演したこの2作は、二つの人格を生きる男の物語として相似形でもあるが、『イースタン・プロミス』はさらに深化している。

ヴィゴが演じるニコライは、ロシアンマフィアに潜入捜査をしている刑事だ。まだボスの息子キリル（ヴァンサン・カッセル）の運転手であり、彼の手先として動く立場だが、ニコライの冷徹な仕事ぶりはキリルに微妙な感情をもたらしている。キリルは自分自身でも信じたくはないが、クィアの感性で明らかにニコライに惹かれている。屈折した心境から、キリルは「おまえがゲイじゃないか確かめてやる」と、目の前で娼婦を抱くように促すが、見られながらも臆することなくニコライが果てる男性的な姿に、キリルは惨めで面白くない思いをする。それと同時に、キリルはマフィア組織を継ぐにしては臆病であり、ニコライが遺体の指先を切断し、歯を全部抜くといった残酷な作業を平然と行う底知れぬ恐ろしさに、引け目を感じている。このシーンで、吸っていた煙草をヴィゴが自分の舌に押し付けて火を消す一瞬の仕草も、倒錯していて良い。

その組織の売春宿から逃げ出したロシア人の少女がいた。14歳で麻薬漬けにされており、病院で出産するとともに息を引き取る。助産師のアンナ（ナオミ・ワッツ）は彼女の日記を鞄から抜き取り、同居するロシア人の伯父イエジー・スコリモフスキに翻訳を頼む。

日記にカードがあった、ロシアンマフィアの組織が表向きにやっている、レストラン〝トランスシベリアン〟に乗り込んだアンナ。ボスのセミオンにあしらわれたアンナを、ニコライは自宅へ送りながら「関わり合いにならない方がいい」と忠告する。後日、彼女の壊れたオートバイを修理して渡してくれるニコライに、優しさがあるのをアンナは理解する。

キリルの前でニコライが抱いた娼婦も、なぜかその後警察側に引き渡されて、祖国に戻されている。そしてセミオンは突然、警察による採血を受ける羽目になる。映画内ではセリフで語られるのみだが、裏で糸を引いているのはもちろんニコライだ。ノートには亡くなった少女は処女を犯され、その際に妊娠したことや、相手がボスのセミオンだったことも記されていた。そのＤＮＡが証明されれば、未成年をレイプし妊娠させたという犯罪は確実に証明される。

サウナで襲われたニコライは瀕死の重傷を負い、アンナの病院に運ばれる。亡くなった少女の日記を翻訳し、組織を知りすぎたアンナの伯父は行方不明になっていたが、それもニコライの手引きで無事に過ごしていることがわかる。そのうえ、彼は赤ん坊を少女の出身地の寒村に帰すより、アンナが引き取る方が良いと提案もする。

ニコライは潜入捜査官であり、ロシアンマフィアの取引を警察が摘発する橋渡し役で存在している。映画のアンダーカヴァーものでは「ミイラ取りがミイラになる」ものも多く、マフィア側に染まりすぎないためにはどうしたらいいか、という回避もドラマになる。しかしニコライは、ロシアでは入所した刑務所の印を体に彫る流儀があるため、作り上げた〝やさぐれ者ニコライ〟の歴史に沿って、それらの刺青をすべて全身に入れている。怪しまれないためには確かに確実な方法だが、明らかにやりすぎである。

普通なら社会に戻った際に、取り返しがつかない身体になっていることになる。刺青はただの模様ではなく、彼の生涯の歴史であり、いくら潜入捜査官だといっても、マフィアでなければ入っていない刺青が彫られているのは、刑事でありマフィアでもあるという二重の真実となるのだ。入院したニコライを見舞った上司に、組織への加入が認められた証に、胸に彫られた星印の刺青を見せるヴィゴは絵画のようだ。上司はそこまでするニコライに対して呻きながら頭を抱えるが、そのくらいしないとマフィア組織の壊滅はできないとニコライは冷静に判断している。

圧倒的な善。じつは彼の真の姿は誰よりも強靭に正義そのものであり、正義を実行し、苦しむ弱者を救う努力を払う。そのためには仲間の目を欺かなくてはならない時もあり、警察がそこまでやるわけがない、とマフィアも考えるほど組織に忠誠を誓う必然もある。皮膚の模様は上辺だけでしかない。皮膚を剥げば彼には珠のような善意があるのだ。

たとえこの後、ロシアンマフィアのボスの座に座ることになっても。惹かれあったアンナとの別れの場面も、クローネンバーグの映画の中で、もっとも哀切に満ちた愛のシーンだろう。

Eastern Promises（07）
監督　デヴィッド・クローネンバーグ
製作　ポール・ウェブスター、ロバート・ラントス
脚本　スティーヴ・ナイト
衣装　デニース・クローネンバーグ
音楽　ハワード・ショア
出演　ヴィゴ・モーテンセン、ナオミ・ワッツ、ヴァンサン・カッセル

手堅い歴史描写に潜ませた真にスキャンダラスな要素とは
『危険なメソッド』

吉川浩満

『危険なメソッド』は、クローネンバーグ19本目の長編作品である。2011年公開（日本での公開は2012年）。

本作は、アメリカの作家・編集者・心理学者ジョン・カーによるノンフィクション作品A Most Dangerous Method: The Story of Jung, Freud, and Sabina Spielrein（93）をイギリスの劇作家・脚本家クリストファー・ハンプトンが舞台化したThe Talking Cure（02）を原作としている。本映画作品の脚本もハンプトンが担当した。第68回ヴェネツィア国際映画祭では金獅子賞にノミネートされ、第37回ロサンゼルス映画批評家協会賞では主演男優賞を、第32回ロンドン映画批評家協会賞では英国男優賞を受賞した。

１９０４年、チューリヒの精神病院ブルクヘルツリ（チューリッヒ大学付属病院）で働く若き精神科医カール・グスタフ・ユング（マイケル・ファスベンダー）のもとに、重度のヒステリー患者が運び込まれてくる。美貌のロシア系ユダヤ人女性ザビーナ・シュピールライン（キーラ・ナイトレイ）である。患者であると同時に精神分析医を志望する彼女の治療に、ユングはかねて信奉してきた精神分析学の創始者ジークムント・フロイト（ヴィゴ・モーテンセン）が提唱する斬新な精神分析療法を試みる。

ユングはシュピールラインが抱える性的トラウマの原因——父親からの虐待——を突き止めることに成功するが、その過程で典型的な転移が発生する。転移とは、患者が幼児期に重要だった人物（多くは親）に対して抱いていた感情が移し替えられ分析者へと向けられる現象である。ユングは貞淑な妻には望むべくもない性的魅力でもって迫るシュピールラインの転移＝誘惑を阻むことができない。マゾヒスティックな性癖をもつシュピールラインの求めに応じ、ユングは幼児時代のシュピールラインと父親の関係を再現するかのようなＳＭ的性交渉に溺れていくのだった。

自らの性的欲望と罪悪感との間でユングは葛藤する。なにしろ、良家出の妻と二人の娘をもつ成功した医師が、家庭人としても精神科医としても倫理にもとる行為を密かに続けているのである。この葛藤は師フロイトとの友情にも亀裂を生じさせずにはいない。シュピールラインはユングとの関係についてフロイトに相談するが、ユングはシュピールラインとの関係を否定し、それを信じて二人を引き離したフロイトを落胆させる。ユングとの別離ののち、シュピールラインはフロイトに師事して精神分析学の研究を続けることになる。

ユングとフロイトの関係は、当初こそ良好であったが、徐々に考え方に根本的な相違があることが明らかになっていく。フロイトにとって、年少でかつ非ユダヤ人（アーリア人）のユングは精神分析学の後継者としてふさわしい存在であったが、ポルターガイストのような「オカルト的」現象に興味を示すユングに疑念を抱く。ユングはユングで、研究対象を性的欲望に限定して厳密な科学を目指すフロイトの狭量さに我慢がならない。結果として二人の関係は決裂することになる。

シュピールラインと別れ、象徴的な「父」(フロイト)をも失ったユングの精神は荒廃する。ユングの妻は、抜け殻のようになった夫のために会ってほしいとシュピールラインを屋敷に招待する。二人きりになったとき、シュピールラインはユングに、いまも患者を愛人にしているのかと問う。ユングはそうだと答える。シュピールラインは重ねて、愛人は私に似ているかと問う。ユングは似ていないと答えるが、その愛人もまた精神分析医を目指すユダヤ人女性なのだった。帰路の車中でシュピールラインは涙を流す。


以上のとおり、本作はフロイトから出発して分析心理学を確立したカール・グスタフ・ユング、精神分析学の創始者ジークムント・フロイト、そして患者で学生のロシア系ユダヤ人女性ザビーナ・シュピールラインの三人をめぐる心的・知的・性的ドラマを描く作品である。緻密に組み立てられた脚本によって、こう言っては語弊があるかもしれないが、クローネンバーグ作品としては拍子抜けするほど手堅い歴史映画に仕上がっている。作中にはスキャンダラスな要素もほとんどない。あるとすれば、シュピールラインの激しいヒステリー発作とユングとのスパンキングプレイに見られるキーラ・ナイトレイの熱演くらいだろうか。

だが、クローネンバーグらしさが皆無かといえば、もちろんそんなことはない。注目すべきは、フロイトに送り込まれてユングの患者となるオットー・グロス(ヴァンサン・カッセル)の演出である。グロスは優秀な精神分析医でありながらセックスとドラッグに溺れる快楽主義者である。グロスの挑発のせいで(おかげで)、ユングはシュピールラインに対する性的欲望を自覚し、性交渉の実行へと背中を押される。人が無意識のうちに抱いている欲望を可視化するトリックスターであるグロスは、クローネンバーグ作品がこの社会で果たす役割とも相通ずるところがある。

クローネンバーグ一流の精神分析学的インプリケーションはこれにとどまらない。作品の結末部において明らかになるのは、ユングがあいもかわらず精神分析医を目指すユダヤ人女性の患者を愛人にしている事実である。性的欲望を重視しすぎるとしてフロイトを批判したユングだが、これではフロイトの正しさを自ら裏書きするような体たらくであり、問題はなにひとつ解決されていない。先に、作中にはスキャンダラスな要素がないと述べたが、本作はそれによってなにが本当のスキャンダルなのかを教えてくれる。すなわち、ユングのように「俗物でブルジョアの卑怯者」(作中のユングの台詞)として生きることが正常なあり方となるこの社会そのものがスキャンダラスなのである。観賞者である我々もまた精神分析療法という危険なメソッドの患者となる所以である。

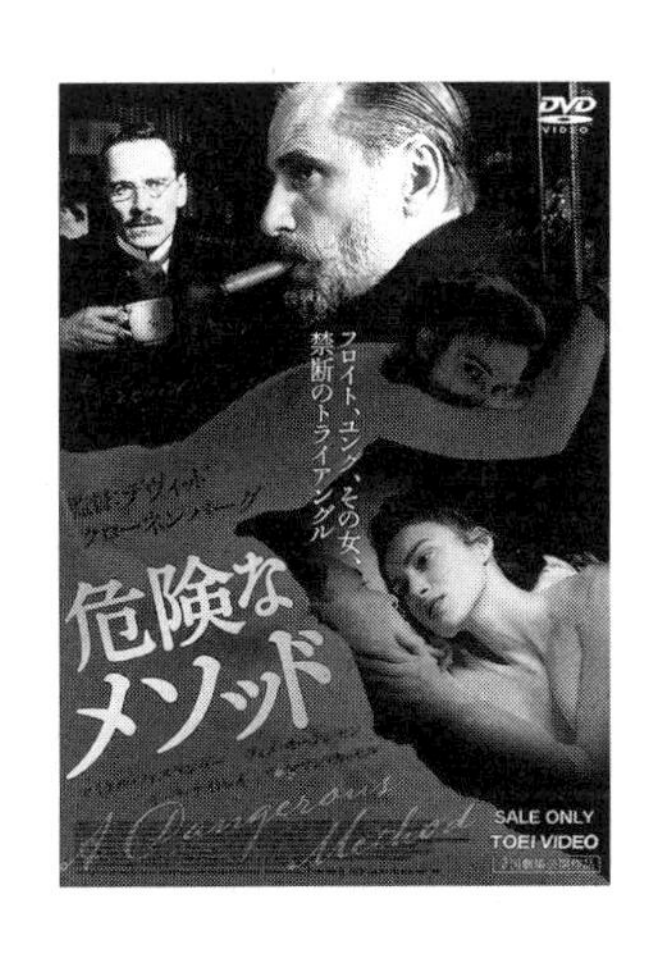

A Dangerous Method（11）
監督　デヴィッド・クローネンバーグ
製作　ジェレミー・トーマス
原作　ジョン・カー
原作戯曲　クリストファー・ハンプトン
脚本　クリストファー・ハンプトン
衣装　デニース・クローネンバーグ
音楽　ハワード・ショア
出演　キーラ・ナイトレイ、ヴィゴ・モーテンセン、マイケル・ファスベンダー

現代アメリカ文学の最高峰、その「ほぼ」忠実な映画化

『コズモポリス』

佐々木敦

『コズモポリス』はアメリカの作家ドン・デリーロが2003年に発表した長編小説の映画化である。原作から約十年が経っていたわけだが、パウロ・ブランコによる企画の立ち上げは2000年代の末であり、クローネンバーグがシナリオを書き上げたのもその頃だったようだ。

デリーロはトマス・ピンチョンと並びノーベル文学賞の下馬評に名前を挙げられることも多い現代アメリカ文学の最高峰だが、クローネンバーグはいかにもデリーロらしい完璧な構成と緊密かつ詩的な文体を持った傑作『コズモポリス』を──後で述べる一点を除き──原作に極めて忠実に映画化している。もちろん細かい違いは多々あるが、クローネンバーグが過去に出掛けた小説の映画化──ウィリアム・バロウズ原作の『裸のランチ』やJ・G・バラード原作の『クラッシュ』──や、『コズモポリス』より後の作品だがポール・トーマス・アンダーソンによるピンチョン『LAヴァイス』の映画化『インヒアレント・ヴァイス』(14)よりも丁寧に小説をなぞっており、ほとんど逐語的とさえ言っていいほどである。小説を先に読んでいた私は映画を観ながらまるでデリーロの文章を読んでいるようだと思った。

だが、それだけに、ほとんど唯一と言ってよい変更点、ある意味では些細なことかもしれないが、ある意味では非常に重大な、原作と小説の違いには思わず虚を突かれたし、大袈裟に言えばショックを受け、しばし考え込まざるを得なかったのである。

物語はニューヨークの大富豪エリック・パッカーのたった一日を描いている。28歳にして巨万の富を持ち、複数の大企業を経営し、天才的な投資家として知られ、やはり超富裕層の令嬢と結婚したばかりの彼は、オフィス代わりにしている巨大リムジンで、幼少の時分から髪を切ってもらっている馴染みの床屋に行こうと思い立つ。だが折悪くも合衆国大統領がNYを来訪中で街は厳戒態勢、暴徒化したデモと急逝した有名ミュージシャンの葬列によってストリートはカオス状態で、しかもエリックはかなり信憑性の高い殺害予告を受けている。そんな状況なのに彼はあくまで床屋に行こうとするのだが、大渋滞でリムジンはなかなか進まない。エリックは車内で部下の報告を受け、毎日の日課である健康診断を受け、愛人とセックスする（車外でも別の女性とセックスする）。そんな彼の狂気すれすれ、いや狂気そのものの数時間が、この映画のストーリーである。少なく見積もって映画の半分以上がリムジンの車内で展開し（原作はエリックのマンションから始まるので映画は空間をシェイプアップしている）、時間の進行もシンプルな一方向で、構造的には極めてミニマルな作品と言ってよい。ロバート・パティンソン演じる主人公が居るリムジンに次々と登場人物＝共演者たちがやってくるという設定によって、この映画は一種の室内劇のような佇まいを獲得している。

クローネンバーグの卓越した映像センスはこの映画でも絶好調である。デリーロの原作が書かれたのはゼロ年代の前半なのでiPadもiPhoneもまだ発売されていなかった。だが映画化の時点ではどちらも世に出ていた（iPhoneは２００７年、iPadは２０１０年に発売されたばかりだった）。小説では「コンピュータのディスプレイ」とあるだけだが、映画ではエリックのリムジンにタッチパネル型の最新ハイテク機器が搭載されており、ヴィジュアル的に見事にアップデートされている。そうしたディテールもこの映画の見どころである。映画の大半が（超大型とはいえ）閉鎖された車内というのはかなり冒険と言えるが、クローネンバーグはむしろそれを逆手に取っている。エリックは何者かに命を狙われているので車外に出ると我が身を危険に晒すことになるわけだが、彼は平気でリムジンのドアを開けて道に出て行くばかりか、自らの警護主任を○○（ネタバレ回避のため伏せ字）してしまう。こうしてリムジンという小宇宙の「内」と「外」の往復運動が映画にサスペンスを充填させてゆくのだが、それはエリックの傍若無人や大胆不敵さというより破滅願望によるものだということが次第にわかってくる。

実はエリックは或る国の通貨の変動を見誤ったせいで巨億の金を失いつつあるのだ。それは物語の初盤から示されており、得体の知れない不安を催させる通奏低音のように映画の底を流れている。デリーロの小説は２００８年のリーマンショックを象徴的に予見していたとも言われるが、映画の製作はそれ以後である。だが問題は通貨だ。それこそが原作と映画の違いである。主人公エリックを破滅へと追いやる通貨は、ドン・デリーロの原作では「円」だったが、クローネンバーグはそれを「元」に変更しているのである。

そう、これが「２００３年」と「２０１２年」の間にリムジンの車内（＝フィクション）の外（＝リアル）で起こった変化である。デリーロの小説のアクチュアリティを維持／更新するために、クローネンバーグには「円」を「元」

に書き換えることが必要だった。だから私は映画を観た時に虚を突かれたのだし、ショックを受けもし、映画の内容とはまた別に、うーんと項垂れて考え込まざるを得なかったのである。

Cosmopolis（12）
監督・脚本　デヴィッド・クローネンバーグ
製作　パウロ・ブランコ、マーティン・カッツ
原作　ドン・デリーロ
衣装　デニース・クローネンバーグ
音楽　ハワード・ショア
出演　ロバート・パティンソン、ジュリエット・ビノシュ、サラ・ガドン
　　　マチュー・アマルリック

『コズモポリス』好評発売中 & デジタル配信中
Blu-ray：6,380 円（税込）　DVD：4,180 円（税込）
発売・販売元：松竹株式会社

※ 2023 年 8 月時点の情報です

ロサンゼルスに幻惑されて

『マップ・トゥ・ザ・スターズ』

上條葉月

ロサンゼルスへ降り立ったミア・ワシコウスカ演じるアガサは、前作『コズモポリス』でリムジンを乗り回していたロバート・パティンソン演じるジェロームの車に出迎えられる。ただし今回の彼は乗り回す側ではなく、運転手側だ。そんな彼にアガサは「スターの家の地図（Stars homes map）はないの?」と尋ねる。本作はタイトルどおり、冒頭のこのセリフと共にかつての子役スターの家へと車を走らせるところから始まる物語であり、そして最後には星を眺めながら夜空の彼方へ飛び立つまでの道筋を描いた物語でもある。

主人公であるアガサは、フロリダからロサンゼルスへやってきたという、火傷の跡を持つ謎めいた女性だ。彼女の正体はなかなか明かされない。あとで思えば車中でジェロームにこぼした「家族に会いにきた」という台詞で最初から答えは提示されていたのだが、その後には「観光で来た」と言ったり、火傷の原因をうやむやにしていたりと、口を開くたびに言うことが違う彼女がロサンゼルスへきた目的はひたすら濁される。そうして物語の道筋の決定打が示されない状態で、観客は一体何を追えばいいのかわからないまま巨大な街を連れ回される。

タイトルに「地図」とあるけれど、本作は決して物語の舞台の地図を明確にしない。ただロサンゼルス、ハリウッドであるということだけ。例えばすでに落ち目にあるジュリアン・ムーア演じるハヴァナの家とセレブ一家であるベンジーの家はどれくらい距離や地価が離れているのだろうか。そもそも街へ降り立って以来、劇中に描かれないアガサの日々の過ごし方も謎めいている。だからこそ、まるでハリウッドの華やかさとかけ離れたアガサが一人暮らしをするアパートの部屋が出てきた瞬間には、少し考えれば当たり前ながらその生活感にハッとさせられてしまう。本作で描かれるロサンゼルスという街の全貌はまったく見えないままで、まるでロールプレイングゲームを進めていくごとに新しいエリアを開いていくように、観客が手探りで想像するしかない。思えば原題も「Map」ではなく"Maps" to the Stars と複数形だし、全体像を見渡せる唯一無二の地図などハナから存在しないのだ。

私は訪れたことがないが、ロサンゼルスという街はこんなにも人を惑わせるものなのだろうか。古くは私立探偵フィリップ・マーロウものからデヴィッド・リンチ『マルホランド・ドライブ』(01)、本作とほぼ同時期のポール・トマス・アンダーソン『インヒアレント・ヴァイス』(14)や後では2018年のデヴィッド・ロバート・ミッチェル『アンダー・ザ・シルバーレイク』など、ロサンゼルスを舞台として謎や陰謀めいた世界を描いた作品は枚挙にいとまがない。単純に人間の犯罪や陰謀の物語を描いているというよりも、街自体のエネルギーで暗部へと吸い込まれていくようだ。この独特な雰囲気は、例えば電車でどこにでも行けるニューヨークにも、あるいは顔見知りか余所者かにしかなりえない田舎町にも存在しない、ロサンゼルスという街の持つ魔力に思える。

本作はクローネンバーグの作品の中でも特に異色な作品と言えるだろう。クローネンバーグは円熟期には身体的な、そしてその後も精神的な、変容＝メタモルフォーゼをさまざまな形で描いてきた。次回作で新作の『クライムズ・オブ・ザ・フューチャー』においても臓器や器官の変容が描かれる。

しかし本作で描かれるのは世代を経て神話のように継承される近親相姦や親子の確執であり、変容どころかむしろ変えることとのできない宿命だ。アガサのロサンゼルスへの帰還は、決して彼らの人生を変えたわけではない。むしろ変えることができないが為に、アガサは自らの手で決着をつけるべく街へ舞い戻ったといえる。

アガサとベンジーは謎めいた言葉を呟く。「1つの言葉の力で人生を再開させる。君と会い名指すために生まれた、〝自由〟と」。まるで誓いの言葉を交わすように唱えられたこの言葉が、彼らに親の業を継承した自身の人生からの解放、自由をもたらす。この言葉こそが彼らにとってこの街／運命から抜け出すための地図、というか扉のようなもの、つまりは「マップ・トゥ・ザ・スターズ」だったのだろうか。

あるいは地図は降り立った瞬間からすでにアガサ自身が握っていたのかもしれない。二世女優として、また母親から暴力を受けた娘としての自分を変えることができないハヴァナもまた宿命を変えることができずに苦しんでいる。だからこそ、ハヴァナはベンジー同様にトラウマが転じて母親の幻想に悩まされ続けいるのだが、そのハヴァナの運命もまた気づけばアガサの手中へと収まっていく。

幻覚に悩まされ、どうしたらいいのか尋ねたベンジーに、アガサが幻覚を消すための方法を教えるシーン。二人の会話からはアガサにもかつて何かが見えていたことが仄めかされるが、ロサンゼルスに戻ってきてからのアガサがそうした幻想に悩まされる様子は一切描かれない。ひょっとすると彼女は街から追放された過去を経て、もはやこの街にはびこる不幸な宿命から抜け出していたのかもしれない。両親に「償いたい」と言うアガサの行動は結局、親への執着というよりは亡霊たちの元に置き去りにした弟への償いのようでもある。

『マップ・トゥ・ザ・スターズ』の魅力はその無理矢理感とめちゃくちゃさにある。人々のバラバラの行動がなぜか因果もわからぬまま緩やかにつながり、一つの結末に集約していく。偶然の連鎖で個別の星が結びついて星座になるように。そんな個人の思惑などを遥に超えたところで動いている大きな力こそが、カナダ出身のクローネンバーグが見たロサンゼルスという街の引力なのかもしれない。

Maps to the Stars（14）
監督　デヴィッド・クローネンバーグ
製作　マーティン・カッツ、サイド・ベン・サイド
脚本　ブルース・ワグナー
衣装　デニース・クローネンバーグ
音楽　ハワード・ショア
出演　ジュリアン・ムーア、ミア・ワシコウスカ

COLUMN

変異する音楽
ハワード・ショアとクローネンバーグ

森本在臣

いまや、ハワード・ショアといえば『ロード・オブ・ザ・リング』(01―03)でアカデミー作曲賞をとった人、という認識が一般的だ。しかし、その『ロード・オブ・ザ・リング』の監督であるピーター・ジャクソンとは『キング・コング』(05)のオファー時に劇伴に対する意見が食い違い、降板している。ショアには確固たる自身の考え、センスがあり、それを曲げることは決してしたくないのであろう。この事からも伺える通り、ハワード・ショアというのはストイックな職人気質を持ったプロ中のプロである作曲家なのだ。

そんなショアだからこそ、クローネンバーグとの相性は抜群であり、『ザ・ブルード』から最新作『クライムズ・オブ・ザ・フューチャー』に到るまで、クローネンバーグ作品には欠かせない存在となっている。

最初にショアが担当したクローネンバーグ作品は『ザ・ブルード』である。既にこの時点でショアの天性のセンスは発揮されており、ストリングスをフィーチャーした室内楽風のスコアながら、さりげなく再現性の難しい、複雑な楽曲を書き下ろしている。

次に担当した『スキャナーズ』のスコアは、『ザ・ブルード』の時のインパクトはそのままに、近未来的なＳＦ感覚を想起させるような、ある種のキャッチーさが加味され、クローネンバーグの映画を引き立てる良質なスパイスとして機能している。不穏なストリングスや打楽器に、絡みつくアナログ・シンセサイザーの音が『スキャナーズ』における、日常的世界の一歩裏側にあるような変異感を見事に描き出していると言えよう。

この変異・変容の音像化こそが、クローネンバーグ作品におけるショアの核となる部分だ。続く『ヴィデオドローム』でも、同スタイルが更に洗練され、なおかつエクスペリメンタルな部分が強化されている。悪夢的な音像が映画と見事にシンクロし、『ヴィデオドローム』に無くてはならないファクターとして存在していることがダイレクトに体感できるのだ。

ショアの音楽へのこだわり、追求はとてつもなく深いものであるが、自身の表現としてではなく、あくまで映画のスコアであることを重視している姿勢が特にストイックである。映画と確実にマッチすると確信した音を創造することにおいて、ショアは一切の妥協をしない。現に、毎回クローネンバーグとは綿密な打ち合わせを行ない、双方が充分に納得のいくものを手がけている。

クローネンバーグ作品が毎回深化し、映画内でも様々な変異を描いていくように、ショアのアイディアも変異を続けており、『裸のランチ』ではなんとオーネット・コールマンをフィーチャーしている。これはショアとクローネンバーグが、バロウズの原作を描く上で最も適任なのがオーネット・コールマンの音である、という結論に達したからであり、実際完成した音楽は素晴らしいものであった。

　しかし、これで止まるようなハワード・ショアではない。最高傑作の呼び声も高い『クラッシュ』においては、複数のエレキギターを用いた、プログレともフリージャズとも違う、独特な質感をまとった、刺激的なアプローチを展開している。『クラッシュ』の映画内で描かれる、自動車事故という物理的な外的衝撃と、性的興奮という内的な衝動をシンクロさせる哲学的構造を、ショアは音楽によって見事構築して見せたのである。エレキギターの硬質な音を前面へ押し出したのは、おそらく作品のテーマである肉体から機械の接続、変異をイメージさせるためのものであろう。エロスとタナトスの裏側に確実に存在している生というものを、暗に示すような手法であると解釈できるのだ。

　考えてみれば、クローネンバーグ作品の音楽を担当するというのは、恐ろしく難しい作業である。ただの

COLUMN

観客であれば、「今回の映画は抽象的過ぎて、いまいちピンと来なかったな」などと笑っていられるが、ショアにはそれが許されない。完全に作品を把握した上で、それに寄り添い、深化させるスコアを書かなくてはならないのだ。

そんな高いハードルを、毎回軽々と越えてくるショアの底知れないポテンシャルには脱帽である。クローネンバーグが厚い信頼を寄せているのも当然だろう。彼以外には作り得ない音楽を、研ぎ澄まされた完成度で提示するのだから、他の追随など許す筈もなく、クローネンバーグ作品といえばハワード・ショアのスコア、という図式が定着しているのである。

クローネンバーグ作品以外のショアによる劇伴も大変優れたものではあるのだが、やはりクローネンバーグの映画で鳴るショアの音楽に魅力を感じる。ダークな捻れを帯びた旋律が、スクリーンで映像の皮を被ったまま変容していく概念をなぞるようなあの感覚は、クローネンバーグとショアという二つの才能がリンクした時にのみ生み出されるものだ。それはどんなにグロテスクで異様なものだとしても、我々の意識の深い部分へアクセスしてくる。抗えない変異に、身を任せるしかないのである。

COLUMN

デザインが形作るクローネンバーグ映画の世界

高橋ヨシキ

映画における「デザイン」というものをどう考えるか、というのはなかなか難しい問題である。映画作品は多くの異なるレベルの「デザイン」によって支えられているからで、美術や衣装、また「タイトル・(シークエンス)デザイン」のように独立した部門がそれぞれのテリトリーで行う「デザイン」もあれば、画面設計そのもののようにもっと包括的なレベルの「デザイン」もある。ディゾルヴやスプリット・スクリーンのような映像の操作過程にも「デザイン性」はつきものだ。本稿は視覚的な「デザイン」に焦点を当てるものだが、映画の印象を決定づける上で聴覚的な領域の「デザイン」は必須だし、演技者による身体表現の「デザイン性」について論じることも当然可能である。映画をプロモーションするためのポスターや予告編、コマーシャルやビルボードにおける視覚デザイン要素の比重も限りなく大きい。

という前提に立った上でクローネンバーグ映画のデザインというものを考えるとき、とくに目立つデザイン領域は三つあるように思われる。一つはタイトル・デザインで、クローネンバーグがタイトル・シークエンスを重要視していることはつとに知られている。「オープニングのタイトル・シークエンスは映画の玄関ホールとしての機能がある」とクローネンバーグはたびたび語っており、実際に彼の監督作品のほとんどが――本編と独立した、印象的なタイトル・シークエンスから始まっている。

次に目を惹くのはプロダクション・デザインすなわち美術である。クローネンバーグ作品においては美術と特殊効果・特殊造形の領域が重なり合っていることもしばしばだが、特殊造形「以外の」美術、とくにセット・デザインが画面内における立体的な空間イメージを決定づけ、同時にクローネンバーグ映画独特の質感をもたらしていることは特に重視すべき事実である。

そして特殊造形がある。先にも書いたとおりクローネンバーグ作品の特殊造形は全体の美術と分かちがたく接続していることが多いため、「特定のオブジェクトあるいはセットの実製作を誰が行っていたか」という部分で判別するしかない場合もままある。だがクローネンバーグ映画といえば特殊造形、という（正確とはいえない）印象がこれほど人口に膾炙するくらい（※）そうした特殊造形のユニークさは際立っており、その意味で特殊造形と「美術」を分けて語ることには一定の意味があるはずだ。（※本邦においては1993年にシブヤ西武で開催された『デビッド・クローネンバーグの世界／クローネンバーグ映像美術装置展』がそういう印象を強化するのに一役買ったということはあるだろうが、カートゥーン『リック＆モーティ』に登場する奇怪な生物「クローネンバーグス」からも分かるとおり、クローネンバーグ=特殊造形という感覚は世界であまねく共有されている)。

クローネンバーグのタイトル・デザイン、特に『デッドゾーン』以降のそれを手掛けたのは錚々たるデザイナーたちである(クローネンバーグのタイトル・デザインが目に見えて進化したのは全作『ビデオドローム』からだが、残念なことに誰がそのシークエンスをデザインしたのかは不明なままだ)。『デッドゾーン』で、図と地の反転を見事に活かしたタイトル・シークエンスをデザインしたのはタイトル・デザイン界の重鎮ウェイン・フィッツジェラルド。続けて『ザ・フライ』にも暗闇の中でDNAが踊るかのような流麗なグラフィックを提供したフィッツジェラルドは1950年代からのキャリアを誇る大ベテランで、『トータル・リコール』(90)、『ディア・ハンター』(78)、『ローズマリーの赤ちゃん』(68)、『マイ・フェア・レディ』(64)、『刑事コロンボ』(71〜75)、『チャイナタウン』(74)などなど、無数の傑作デザインで知られている。『戦慄の絆』、『裸のランチ』、『エム・バタフライ』のタイトル・シークエンスはランドール・バルスマイヤーが担当(『戦慄の絆』はミミ・エヴェレットとの共同作業)。バルスマイヤーの代表作のリストも長大そのもので、中にはコーエン兄弟の諸作品や『ドゥ・ザ・ライト・シング』(89・未クレジット)などもある。

『裸のランチ』のタイトル・シークエンスはビートニクスの時代感が画面から滲み出る見事なものだったが、『エム・バタフライ』を挟んだ『クラッシュ』のオープニングには驚かされた。『クラッシュ』のクレジット

COLUMN

は、茫洋とした空間を一部が歪んだメタリックな文字が手前に迫ってくるというもので、それが事故車のエンブレムを模していることはすぐに理解できる。ところが主要な俳優の名前が通り過ぎ、スタッフのクレジットへと転換する瞬間、画角が変わってエンブレム様の文字がはるか彼方まで連なっているのが見える。歪んだエンブレム文字だけを使って無限に続く事故車の渋滞を表現しているわけで、このようなことがタイトル・デザインで出来るのか！　と、文字通り脳天を撃ち抜かれるような衝撃を受けた。不穏に美しいアルペジオが連続するハワード・ショアのスコアも相まって実にうっとりさせられる。この見事なタイトル・シークエンスを担当したジョン・ファーニオティスはその後『ヒストリー・オブ・バイオレンス』と『イースタン・プロミス』でもタイトル・デザインを手掛けている。

クローネンバーグ映画のプロダクション・デザインは『ファイヤーボール』以降、ごくわずかな例外を除き、一貫してキャロル・スピアーが担当している。キャロル・スピアーは建築とインテリア・デザインを学び、映画業界に足を踏み入れる前は建築事務所に務めていたという経歴を持つ。スピアーによれば、彼女が『ファイヤーボール』で美術監督を務める以前のクローネンバーグ作品には「セット・デコレーターしかおらず、美術監督と呼べる担当者はいなかった」という。

クローネンバーグ作品においてスピアーが果たした役割はあまりにも大きい。クローネンバーグ自身がスケッチを描くことがないため、彼の脳内にある――そして脚本に事細かに描写されている――まだ誰も見ぬイメージを具体に落とし込む作業はすべてスピアーという才人を通して行われる。クローネンバーグが彼女に寄せる信頼は絶大なもので、脚本が完成するとその企画にゴーサインが出る前にまずはスピアーに送るのが常だという。ちなみに彼女が『スパイダー／少年は蜘蛛にキスをする』と『コズモポリス』に参加できなかったのはギレルモ・デル・トロの『ブレイド2』（02）と『パシフィック・リム』（13）に美術監督として参加していたからで、そのキャパシティの幅広さには感嘆するしかない。なお『ザ・フライ』でブランドルフライが突き破ったガラスブロックのパーテーションは彼女のお気に入りとみえて、同じ意匠が他のクローネンバーグ作品に幾度も登場するので注意して観るのも一興だろう。

最後にクローネンバーグ作品の特殊造形についてだが、初期の不定形あるいは臓物型クリーチャーの時代（『シーバース／人喰い生物の島』・『ラビッド』・『ザ・ブルード／怒りのメタファー』）、スター特殊メイクアップ・アーティストとの華々しいコラボレーションで知られる中期（『スキャナーズ』・『ビデオドローム』・『ザ・フライ』）を経たのち、90年代に発表された『裸のランチ』、『イグジステンズ』あたりでクローネンバーグ＋キャロル・スピアーのコンビによる異形のスタイルが確立されたとみていいだろう。それは機械油にまみれたマシンと生体組織との融合である。誤解を招きがちなので補足しておくと、クローネンバーグ／スピアーによる「生体機械」はＨ・Ｒ・ギーガーの「バイオメカノイド」とはまったく方向性が異なる。ギーガーのそれは呪術的・神話的な側面が（ヒエログリフや『死者の書』など古代エジプトのリファレンスも多い）強調さ

COLUMN

れており、流れるような描線がポルノグラフィックなアポカリプス世界を紡ぎ出しているのに対し、クローネンバーグ／スピアーの「生体機械」は巨大な節足動物を思わせる威嚇性が特徴で、その隙間から腺病質で内蔵表皮を思わせるぬめりとした質感が頭を覗かせる。この方向性は最新作『クライムズ・オブ・ザ・フューチャー』でさらに追求されているが、『イグジステンズ』の薄汚れたガソリンスタンドで、背中に出現した肛門を思わせる開口部に油まみれのインジェクターでバイオポートを埋め込む場面に特徴的なように「機械油にまみれたマシンと生体組織との融合」においてクローネンバーグ造形のユニークさは際立つ。『ザ・フライ』の物質転送機のデザインがクローネンバーグ所有のブガッティのバイク（Ducati 450 Desmo）のシリンダーに由来することはよく知られているが、このときもまさに「機械油にまみれたマシンと生体組織との融合」が起きていたのである（それを真正面からビジュアル化したのが、ラストに登場する転送機とブランドルフライが融合した最終形態「ブランドルフライ＝テレポッド」）。

なおクローネンバーグ映画における、控えめでありつつ極めてショッキングなゴア描写、とくに『ザ・フライ』の腕相撲場面（複雑骨折を起こして皮膚から骨が突き出す）や、デジタル合成技術が可能にした『ヒストリー・オブ・バイオレンス』の顔面掌底打ち込み場面（殴られた鼻が陥没して顔にめり込んでしまう）などはいずれも見事な出来栄えで、派手な人体破壊（『スキャナーズ』『ビデオドローム』）はもちろんのこと、このような「小さな残酷」を鮮やかに見せる手腕にも注目したい。

ところで先述の『クローネンバーグ映像美術装置展』で実物を見て驚嘆させられたのが幾多のクリーチャーではなく、『ビデオドローム』に登場するヘルメットの繊細きわまるディティールだったことは記しておきたい。いかにも「プロトタイプ」といったシンプルで無骨なデザインのヘルメットだが、表面に設置されたプリント配線や入出力ポートといったディティールのリアリズムは凄まじく、それがヘルメット自体の質感(FRPを重ねて成形していることが見て分かるようになっている)とも相まって醸し出す「奇怪ではあるが、いかにもありそうなプロトタイプ」としての存在感には驚くべきものがあった。クローネンバーグ/スピアーによる未来のビジョン、テクノロジーのビジョンがどれも奇怪そのものでありながら一定以上のリアリティを備えている背景には、当然のことながらディティールに対する飽くなき追求があるのである。

COLUMN

陽の目を見ないままに終わった企画の数々

てらさわホーク

１９６９年から始まる長いキャリアのなかで数えきれない傑作を物してきたデヴィッド・クローネンバーグだが、同時に結局陽の目を見ることなく潰えていった企画も存在する。ということでまぼろしのクローネンバーグ映画、そのごく一部を紹介してみよう。

クローネンバーグの『スター・ウォーズ』

『スター・ウォーズ』旧三部作の掉尾を飾る『ジェダイの帰還』(83)。もともとはスティーヴン・スピルバーグが監督する予定であったものがその後二転三転、最終的にリチャード・マーカンドが就任した。しかしその過程で挙がった監督候補の名を聞くたびに思わず目眩がする。まずデヴィッド・リンチ。またスピルバーグが『女王陛下の戦士』(77)を観て、ポール・ヴァーホーヴェンを推したという説もある。そしてもうひとり、ルーカス・フィルムから電話を受けていた男がいた。それがクローネンバーグだった。新しい『スター・ウォーズ』に興味はないか、と問われ、「他人の作った物語には興味がないな」と答えた。そして電話は切れた。なお「当時はまだ『ジェダイの復讐』というタイトルだったと思うんだが、誰かが復讐というのはジェダイの考え方に反している、と指摘したので題名が変わったんだったな」と、クローネンバーグは2018年ごろ述懐している。意外とよく知ってますね監督、と言いたくなる。

ともあれ『スター・ウォーズ』を断ったことに関しては「シリーズ作品ということはもうすでにキャストも世界観も決まっているわけで、そうなるとクリエイティヴな才能を発揮するというよりは、交通整理のお巡りさんのような仕事になる」と語り、ゆえに興味が持てなかったと説明。さらに「キュアロンが『ハリー・ポッター』シリーズのどれかを監督しただろう。たしかに彼はベストを尽くしたと思うが、それは結局『ハリポ』のいちエピソードに過ぎないわけだ」と続けている。ある種の工業製品作りと化した現在の映画製作の実情に切り込んだ鋭いコメントだと感心しつつ、やはり意外と業界を見てますね監督、と思う。

クローネンバーグの『トータル・リコール』

言わずと知れたヴァーホーヴェン/シュワルツェネッガーのSF超大作『トータル・リコール』(90)。人

COLUMN

間の実存に切り込みながら途轍もないバイオレンスが炸裂する、間違いなく映画史に残る傑作として結実するずっと以前、クローネンバーグがこの企画と1年以上にわたって格闘していた時期があった。80年代中ごろのことだ。P・K・ディックの原作の映画化権を、大プロデューサーのディノ・デ・ラウレンティスが持っていた頃。

ディックの短い小説を長篇映画にするにあたり、実のところダン・オバノンとロナルド・シュセットの脚本家コンビの間でも方向性は定まっていなかった。哲学の要素をもはらんだ壮大なSF巨篇か、単純明快な宇宙アドベンチャーか。ラウレンティスから監督として呼ばれたクローネンバーグは未完の脚本を、実に12回にわたって書き直した。心を病んだ主人公が自らの記憶をかき集め、正気を取り戻そうともがく……そんな物語が綴られた12度めの修正脚本を、クローネンバーグはシュセットに読ませた。「何てこった」シュセットは言った。「これじゃまるでディックの小説だ」。

長い長いデベロップメント・ヘルの末に、進むべき方向は完全に見失われていた。そしてクローネンバーグは企画から去った。脚本の改稿と同時並行で進められていたプロダクション・デザインなど、クローネンバーグ版『トータル・リコール』の痕跡はインターネット上に見つけることができる。テクノロジーの進化した果てに、それでも人間を人間たらしめるものとはいったい何なのか。そのことはヴァーホーヴェンの完成作にも間違いなく描かれている。が、クローネンバーグの解釈も観てみたかったと、今でも思う。

『ビバリーヒルズ・コップ』と『フランケンシュタイン』

今も昔も我が道を行くクローネンバーグだが、80年代ハリウッドがこの異才を放っておくはずはなかった。パラマウント・ピクチャーズなどは一時期何を思ったか、『ビバリーヒルズ・コップ』（84）の監督をクローネンバーグに持ちかけている。同作がもともとはシルヴェスター・スタローン主演で進行していた企画であることは広く知られているが、世が世なら到底信じられない座組が実現していた、かもしれないのである。

持ち込まれた企画を断っていただけではない。80年代初頭、ハリウッドの業界紙をある新作の広告が飾った。『クローネンバーグのフランケンシュタイン』とのタイトルが、黒地に白抜きで印刷されていた。その告知からほどなくして、同作は製作中止となる。作られることのなかった映画についてはクローネンバーグもその後多くを語っていない。が、科学技術と人間の生命というもともとのテーマを考えれば、本人以上の適任はいなかったはずだ。

映画史の墓場にはこうして、ありえたかもしれない可能性がいくつも転がっている。名だたる監督たちが確実に残した成果を噛みしめつつ、これらのまぼろしを思う時間があってもよいのではないか。そんなことを思う。

COLUMN

ボディ・ホラーの現在地からクローネンバーグを探求する

ヒロシニコフ

ドロドロと溶解しヒトの形を失う肉体、ボコボコと変形し剥がれ落ちる皮膚、ドクドクと脈打つ不定形な臓器。人体の変容を生理的嫌悪感タップリに描いたホラー映画のサブジャンル、いわゆる「ボディ・ホラー」は特殊メイク／効果全盛期の80年代に隆盛を誇った。ＣＧＩが浸透する以前、スペシャル・エフェクツ・メイクアップがホラー映画の見せ場を担っていた時期においては、我々が見慣れたヒトの形が予期せぬものに変形してゆく様は、ここぞ職人の腕の見せどころ！　であった。クローネンバーグの諸作はもちろん、『溶解人間』（77）や『フロム・ビヨンド』（86）、『吐きだめの悪魔』（87）、『キクロプス』（87）など、アーティストたちの手によるグロテスク・ショーがスクリーンを毒々しく彩っていた。

だが90年代に入り、ホラー映画が「サイコ・スリラー」に取って代わられた時より、ボディ・ホラーは鳴りを潜めた。殺人鬼と刑事の追いかけっこにおいては「人体ドロドロ」が介入する余地はなかったからだ。

そして、ホラー映画が若手監督の台頭により息を吹き返したゼロ年代後半以降は、サイコ・スリラー＝ヒトコワの延長、『ホステル』（05）に端を発する「拷問ホラー」が、その暴虐性でシーンを覆いつくした。

ボディ・ホラーが再びシーンに姿を現すのは２０１０年代のことである。ＳＮＳの台頭により個人の抱える闇が浮き彫りになったことを受けてか、パーソナルな主題を扱ったホラー映画が増加を見せた。その渦中において「腐女子」映画が続々と現れることとなる。これは決してボーイズのラブがお好きな女性たちのことではなく、読んでその通りに「生きながら体が腐ってゆく女性」を描いた映画のことだ。自堕落な女性の肉体が徹底的に腐敗する『Thanatomorphose』（12・未）、見知らぬ男とのセックスをきっかけに肉体に異変が生じる『スリーデイズ・ボディ 彼女がゾンビになるまでの3日間』（13）、その続編『アフターデイズ・ボディ 彼女がゾンビと化した世界』（16）、理想と現実の差にもがく女性がこれまた腐りゆく『セーラ 少女のめざめ』（14）がそれにあたる。いずれも「生きながらにして死んでいる」状況に置かれた人々が外見もそれに伴う形で変容してゆく、観るものが身につまされる自己嫌悪を喚起するものだ。さらに、肌がドス黒く変色し、その奥にある肉が悪臭を放ちながら腐敗し、そこに蛆が湧く描写を「もう勘弁してください……」と思わせるまでにネットリと描写することで、自己嫌悪と生理的嫌悪を悪意たっぷりに

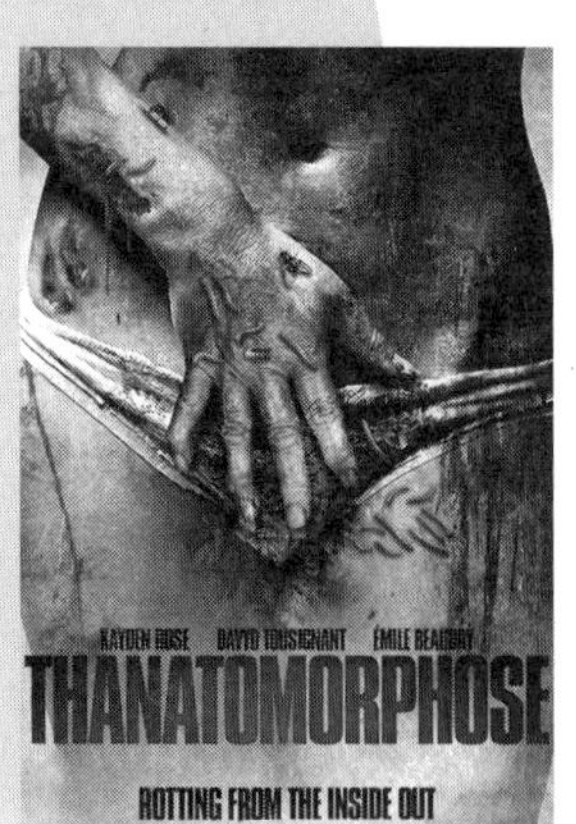

繋げてみせたのも、これら腐女子映画の特徴だ。

さらに「自傷」とボディ・ホラーを縫合した映画も存在している。『The Sound of Summer 夏バテ女』(22)は「体内に蝉を産み付けられた!」と寄生虫妄想に駆られる女性の精神と肉体がズタボロになる自我崩壊ボディ・ホラーだ。病みゆき自傷を繰り返す女性のみならず、トラウマを抱えた男性も登場し、女性とはまた異なる形で肉体を変容させてゆくアプローチも実にユニーク。自傷とは似て非なるものだが、身体改造(MODCON:モドゥコン)を題材とした映画もまたボディ・ホラーと言えるだろう。ただ、外科手術によって外見を人間離れした姿にまで変化させる願望に駆られた人々の姿は、むしろポジティブな輝きにあふれており、ホラーという題材とはやや縁遠い。目線を変えて、その手術を行う側に切り込んだ作品が『アメリカン・ドクターX』(12)だ。フェチズムと倒錯の世界に身を投じ、違法な外科手術にのめり込む医学生の姿をブラックユーモアと共に活写したこの作品をもって、監督のソスカ姉妹は『ラビッド』のリメイクに抜擢された。

もちろん、女性の抱える心の暗部をクローズアップした作品ばかりではない。ビョークのストーカーとして知られるリカルド・ロペスをモデルにした映画『The Obsessed』(19・未)は、孤独な男のネガティブな感情の発露をボディ・ホラーとして映像化した異色作。ビョークの熱狂的なファンだったロペスは彼女の恋愛報道を受け、精神に異常をきたす。

髪を剃り落とし、顔面をペイントし「ビョークを殺す。地獄に落とす」とビデオカメラに語り、その足でビョークに爆弾を郵送し自殺した。この事実をクローズアップし、同作ではロペスの精神の破綻が進むにつれ、顔面が猫のように変形、身体中に眼球が出現するなど、精神の異常を肉体の変形に仮託し可視化してみせた。

パーソナルな視点からのボディ・ホラーが続々と作られる一方で、従来のものに近いSF・ボディ・ホラーも散見される。これらは「80年代リバイバル」の流れから生まれたように思えるる。『ザ・スキャナー・ウォーズ』（10）は邦題からお分かりの通り『スキャナーズ』からの影響が色濃い。だが、劇中で語られるサイキック理論は、常人の理解を超越したワケの分からなさ。内容はサッパリだが、映像のインパクトはコッテリ。アナログ特殊効果により人体が爆ぜ、溶け、焼け焦げる。実に強烈だ。『Cell Count』（12・未）は、不治の病に対する新治療法が恐怖を呼ぶメディカル・ホラー。身体の内側より謎の臓器がせりあがり、顔面をスッポリ覆ってしまう。全体的に地味な映画だが、このビジュアルはボディ・ホラーの本懐といったところ。謎の病原菌により肉体が病的な変貌を遂げるオムニバス『Ill: Final Contagium』（20・未）は、映像の不快感にステータスを振り切った悪質な一本。全身が水膨れしたかのようにブヨブヨと肥大化する、皮膚にボコボコと穴があく……など、鳥肌モノの画が次々に現れゲンナリすること必至である。いけないお薬をキメてレイヴ・パーティで踊る若者たちの身体が溶け、互いに殺しあう『Svartklubb』（20・未）は、ギャスパー・ノエ監督『CLIMAX クライマックス』（18）×ボディ・ホラーといった面持ち。既存の題材の意外なマッシュアップとSF的ツイストが面白みを生んでいる。

これらの近年制作された映画たちは「ボディ・ホラー」という言葉を通してクローネンバーグと結ばれる。だが、上記のいずれもがクローネンバーグの作品と同じ空気を有してはいない印象だ。そんな中、最も「クローネンバーグらしさ」を感じた映画が『TapeWorm』(09・未)である。殺人事件を捜査する男が、暗殺者により謎の薬を注射される。そして男は知る。自分が正体不明の陰謀に巻き込まれたことを。真実に辿り着こうともがく男の身体は肉と機械、ビデオテープが融合したかのような形状に変化してゆく……。この低予算で制作されたビデオ撮り映画にクローネンバーグの残り香を強く感じたのはなぜだろうか？ それは、この映画を貫く「謎」にある。主人公に纏わりつく謎の事件、謎の組織、謎の陰謀。これらはクローネンバーグの映画と共通するキーワードだ。クローネンバーグ作品の主人公はいつだって謎の渦に叩き込まれる。それらは明確な説明を待つことなく、主人公を翻弄し、謎のままに肉体と人生を変化させてしまう。

クローネンバーグは常に「謎の陰謀に翻弄される人間」を描き続けている。この「謎の陰謀」は、超能力者の世界征服、メガネ屋の支配計画、第三世界の企業の侵略、若い富豪の命を狙う凶刃といったように姿形を変えて劇中に現れる。これらは全て同じもののメタファーと考えられる。いったい何か。それは、自分ではコントロール不可能な人生における大いなる動き……「不慮のライフイベント」である。結婚、出産、離婚、ミッドライフ・クライシス。人生を一変させる出来事が予期せずして起こること。このことへの恐れをクローネンバーグは手を替え品を替え、フィルムに収め続けているのだ。

このように考えると、クローネンバーグがボディ・ホラーに拘る理由も見えてくる。ライフイベントの入り口は、その殆どがセックスにある。セックスとは、すなわち性器の結合だ。クローネンバーグの作品には「内臓感覚」なる言葉がつきものである。だが、思い出してほしい。男性器に類似した寄生虫、腋に生まれた肛門状の腫瘍、そこから勃起する男性器のような器官、腹に走る女性器様の亀裂、艶めかしく肛門より言葉を放つ虫を。「内臓」感覚ではない、「性器」感覚なのだ。性器が人生にもたらす混乱こそがクローネンバーグによるボディ・ホラーの本質なのである。フィルモグラフィを経るにつれ、その構造はシンプル化してゆく。主人公に巣食っていた性器は、『戦慄の絆』にて手術器具へと宿り、『裸のランチ』でのタイプライターで完全なる外在化を遂げ、脱ボディ・ホラーを果たす。そして、肉体の性器的変容から解放された主人公は、人生に翻弄される様をありのままの姿で繰り広げる。『スパイダー 少年は蜘蛛にキスをする』にて、そのシンプルさは頂点に達することになる。

なぜ多くのボディ・ホラーが存在する中で、クローネンバーグの作品は広く支持され、今なお異彩を放ち続けるのか。それは単に肉体がドロリと溶け、腐敗するような変化を描いているだけではなく、その先を恐怖の対象にしているからだ。笑いを誘う滑稽さを湛えている性器に対して、クローネンバーグは徹底的にシリアスに向き合う。そそり立つ男性器の曲線に、蠢く肛門の襞に、女性器の割れ目の奥に、それらの有機的結合の果てに待ち構えている底知れぬ人生の恐怖を見ているがゆえ、クローネンバーグが描くボディ・ホラーは普遍的な恐ろしさと特異さを同時に獲得したのだ。

プロフィール

伊東美和
ゾンビ映画ウォッチャー。編著に『ゾンビ映画大事典』『ポール・ナッシー』、共著に『ゾンビ論』『ジョージ・A・ロメロ』（すべて洋泉社刊）などがある。

上條葉月
字幕翻訳者。不定期に上映企画を主宰、ZINE「Edition COUCHON」を発行。ハトが好きです。

児玉美月
映画文筆家。『文學界』、『文藝』、『群像』、『ユリイカ』ほか寄稿多数。RMFF、eiga worldcup、早稲田映画まつり審査員。共著に『反=恋愛映画論』(ele-king books)、『「百合映画」完全ガイド』（星海社新書）。

後藤護
暗黒批評、別名「令和の内藤陳」（宇川直宏）。『黒人音楽史 奇想の宇宙』（中央公論新社、3刷達成）で音楽本大賞２０２３「個人賞」を受賞（渡邊未帆選）。その他の著書に『ゴシック・カルチャー入門』（Ｐヴァイン）。

佐々木敦
ＨＥＡＤＺ主宰。文学ムック「ことばと」編集長。芸術文化の複数の分野で活動。著書に『「4分33秒」論』『小さな演劇の大きさについて』『映画的最前線 1988-1993』『ゴダール・レッスン あるいは最後から2番目の映画』『ゴダール原論——映画・世界・ソニマージュ』など。

高橋ヨシキ
映画評論家、アートディレクター。長編初監督作品『激怒』。『悪魔が憐れむ歌——暗黒映画入門』（ちくま文庫）、『ヘンテコ映画レビュー』（スモール出版）、『シネマストリップ』シリーズ（同）など著書多数。

てらさわホーク
ライター。著書『シュワルツェネッガー主義』（洋泉社）『マーベル映画究極批評』（イースト・プレス）。共著『ヨシキ x ホークのファッキン・ムービー・トーク！』（イースト・プレス）。

ヒロシニコフ
残酷映画評論を中心に、書籍・雑誌・映画パンフレット・Blu-rayブックレットなどに寄稿。世界中のゴア・ホラーをリリースする地下映画レーベル〈VIDEO VIOLENCERELEASING〉代表。『裸のランチ』公開と同日に生を受けましたので、思い入れも一入です。

プロフィール

真魚八重子

映画評論家。朝日新聞、週刊文春CINEMA!、キネマ旬報、夜リラタイムなどで執筆中。『血とエロスはいとこ同士　エモーショナル・ムーヴィ宣言』（Pヴァイン）も絶賛発売中！

森本在臣

東京都出身。ジャッロと50年代のアメコミ、昭和の本格ミステリ、コーラが好物。著書にブランコレーベルとの共著であり、日本の70年代自主盤にスポットライトを当てた「和ンダーグラウンド　レコードガイドブック」がある。

柳下毅一郎

映画評論家・翻訳家。著書『興行師たちの映画史　エクスプロイテーション・フィルム全史』（青土社）、『新世紀読書大全　書評1990-2010』（洋泉社）など多数。訳書にR・A・ラファティ『第四の館』（国書刊行会）、アラン・ムーア／J・H・ウィリアムズⅢ『プロメテア1〜3』（小学館集英社プロダクション）、監訳書に〈J・G・バラード短編全集〉（東京創元社）など。

山崎圭司

トーク番組で共演したランディスとカーペンターには「芸術家気取り」だと驚かれた。映画界ではヴィジョンを隠すのが美徳であるかのように。一貫して自分に忠実な人は言うことが違う。クローネンバーグ80歳、ますます面白い。

山本貴光

文筆家・ゲーム作家・東京工業大学リベラルアーツ研究教育院教授。著書に『記憶のデザイン』『マルジナリアでつかまえて』『世界を変えた書物』他。吉川浩満とYouTubeチャンネル「哲学の劇場」を毎週更新中。

吉川浩満

文筆家、編集者、ユーチューバー。山本貴光と書評サイト（のちYouTube・ポッドキャストチャンネル）「哲学の劇場」を開設、２００４年から複数の著書を刊行している。単著に『理不尽な進化　遺伝子と運のあいだ』『哲学の門前』など。

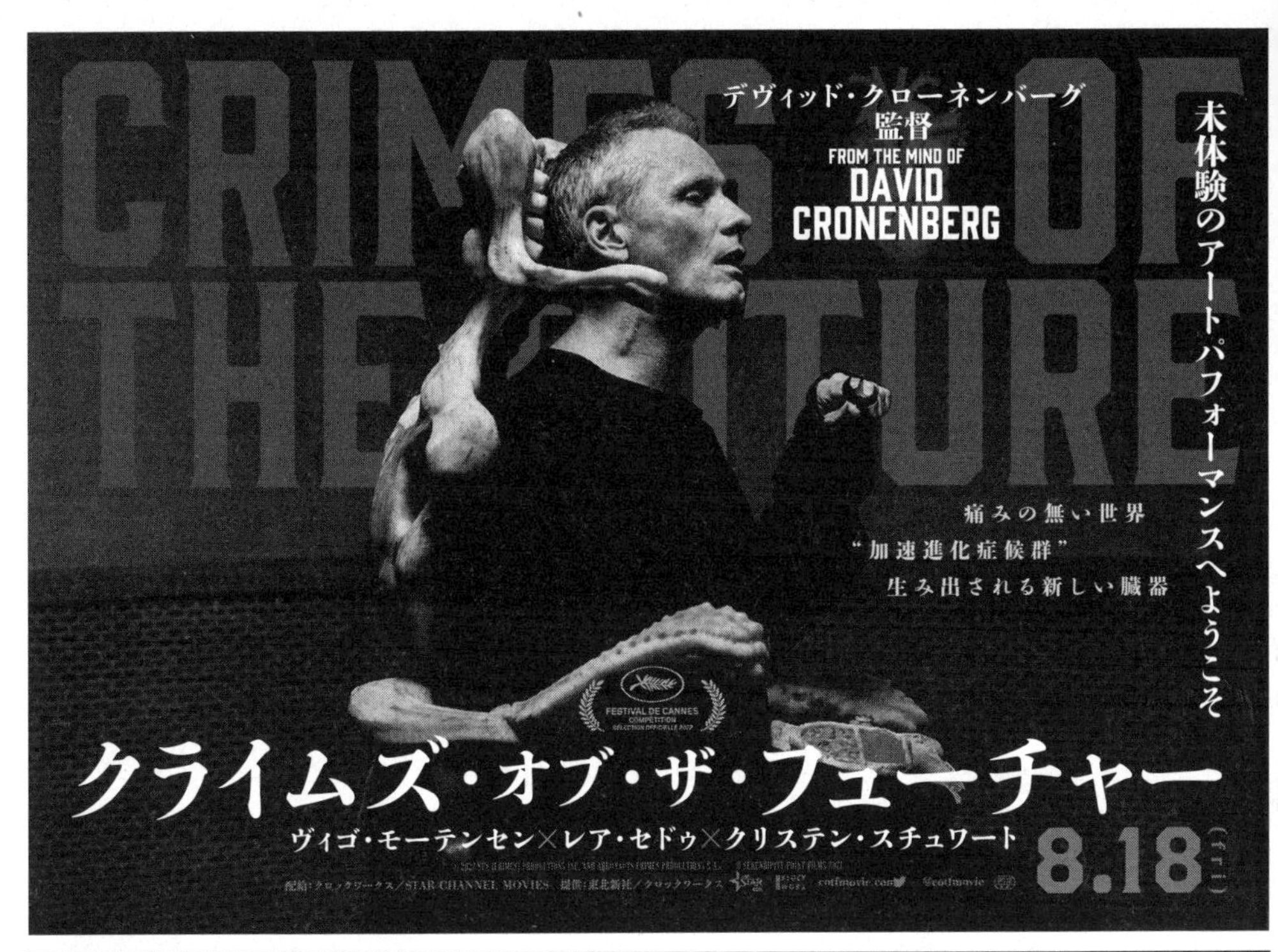
CRIMES OF THE FUTURE
デヴィッド・クローネンバーグ
監督
FROM THE MIND OF
DAVID
CRONENBERG
未体験のアートパフォーマンスへようこそ
痛みの無い世界
"加速進化症候群"
生み出される新しい臓器
FESTIVAL DE CANNES
COMPETITION
クライムズ・オブ・ザ・フューチャー
ヴィゴ・モーテンセン×レア・セドゥ×クリステン・スチュワート
8.18
cotfmovie.com

デヴィッド・クローネンバーグ
進化と倒錯のメタフィジックス

2023年8月16日　初版印刷
2023年8月30日　初版発行

デザイン：シマダマユミ（TRASH-UP!!）

編集：大久保潤（Pヴァイン）

写真協力：川喜多記念映画文化財団

発行者　水谷聡男
発行所　株式会社Pヴァイン
〒150-0031
東京都渋谷区桜丘町21-2 池田ビル2F
編集部：TEL 03-5784-1256
営業部（レコード店）：
　TEL　03-5784-1250
　FAX　03-5784-1251
http://p-vine.jp

ele-king
http://ele-king.net/

発売元　日販アイ・ピー・エス株式会社
〒113-0034
東京都文京区湯島1-3-4
TEL　03-5802-1859
FAX　03-5802-1891

印刷・製本　シナノ印刷株式会社

ISBN　978-4-910511-53-5